武器收藏指南
柯尔特手枪与步枪

美国经典枪械

【英】迈克尔·E.哈斯丘（Michael E.Haskew） 编著

祝加琛　于君华　译

180多年前,柯尔特获得了第一项转轮武器专利;而160多年前,柯尔特成立了以自己名字命名的公司。在此后的时间里,柯尔特公司的经营者继续秉承柯尔特之名推出了大量标志性的转轮手枪和步枪,这些武器对后来的枪械发展产生了重要的影响。

柯尔特公司推出了很多种著名武器,包括1836年的第一支柯尔特转轮枪、1873年的柯尔特Single Action Army(单动军用枪)——它也常被称为"和事佬"或"赢得西部的手枪",M1911型手枪,以及在越南战争中美国军队装备的M16突击步枪。今天,柯尔特公司的著名型号包括M4卡宾枪,美国军队的每个兵种都有装备,以及CQBP(近距离作战手枪)。此外,该公司还推出了很多民用型号,包括柯尔特CM901型防御者步枪和柯尔特Match Target系列运动步枪。

本书详细介绍了柯尔特——世界上著名的枪械制造商生产的经典型号,配有200多张插图,并列出了详细的技术参数。

Collector's Guides: Colt / by Michael E.Haskew / ISBN: 978-1-78274-257-9
Copyright © 2015 Amber Books Ltd
Copyright in the Chinese language (simplified characters) © 2021 China Machine Press
This translation of Collector's Guides: Colt first published in 2021 is published by arrangement with Amber Books Ltd.
This title is published in China by China Machine Press with license from Amber Books Ltd. This edition is authorized for sale in China only, excluding Hong Kong SAR, Macao SAR and Taiwan. Unauthorized export of this edition is a violation of the Copyright Act. Violation of this Law is subject to Civil and Criminal Penalties.

本书由Amber Books Ltd授权机械工业出版社在中华人民共和国境内(不包括香港、澳门特别行政区及台湾地区)出版与发行。未经许可的出口,视为违反著作权法,将受法律制裁。

北京市版权局著作权合同登记　图字：01-2016-3797号。

图书在版编目(CIP)数据

武器收藏指南：柯尔特手枪与步枪 /(英)迈克尔·E. 哈斯丘(Michael E. Haskew)编著；祝加琛,于君华译. —北京：机械工业出版社,2020.9
书名原文：Collector's Guides：Colt
ISBN 978-7-111-66636-3

Ⅰ. ①武… Ⅱ. ①迈… ②祝… ③于… Ⅲ. ①手枪 – 收藏 – 世界 – 指南②步枪 – 收藏 – 世界 – 指南　Ⅳ. ① G262.9-62

中国版本图书馆 CIP 数据核字(2020)第 184222 号

机械工业出版社(北京市百万庄大街22号　邮政编码100037)
策划编辑：李　军　　　　　责任编辑：李　军
责任校对：蔺庆翠　郑　婕　责任印制：孙　炜
北京联兴盛业印刷股份有限公司印刷
2021年1月第1版第1次印刷
184mm×242mm・13.5印张・2插页・268千字
0 001—2 000册
标准书号：ISBN 978-7-111-66636-3
定价：99.00元

电话服务　　　　　　　　　网络服务
客服电话：010-88361066　　机　工　官　网：www.cmpbook.com
　　　　　010-88379833　　机　工　官　博：weibo.com/cmp1952
　　　　　010-68326294　　金　书　网：www.golden-book.com
封底无防伪标均为盗版　　　机工教育服务网：www.cmpedu.com

目录

引言 …………………………………………… 5
第一章　击发式转轮枪 ………………………… 11
第二章　20世纪的转轮枪 ……………………… 63
第三章　M1911型和半自动手枪 ……………… 117
第四章　机枪、步枪和突击步枪 ……………… 169

本书介绍了19世纪30年代至今柯尔特武器的历史，包括转轮枪、半自动手枪、机枪、步枪和突击步枪等多种枪型。

▲ 塞缪尔·柯尔特是一名很有远见的工程师,他认为自己发明的枪械非常有潜力,并将自己所有的金钱都用在这上面。尽管遭遇了很多次失败,但今天他的公司已经成为业界的领先者,并且"柯尔特"这个名字也成为高性能枪械的代名词。

引　言

塞缪尔·柯尔特经常遇到失败，但又不甘心失败。他是发明家、推销员和现场讲解员，最重要的是他非常有远见。他提出了转轮枪的构想，这种手枪能够多次射击而不用重新装弹。随后经过不懈的努力，他将自己的构想变成了现实。

柯尔特经历过经济繁荣时期和大萧条时期，所有的一切都是从柯尔特的新奇想法开始，并逐渐走向成功的。1814年7月19日，塞缪尔·柯尔特出生于美国哈特福德市。他的父亲克里斯托弗·柯尔特是一名农民，后来成立了一家小型纺织品制造厂；他的母亲莎拉·考德威尔在他六岁那年死于肺结核。他还有三个兄妹，但都不幸夭折，孩童时期的柯尔特最初由姑姑照顾，后来由继母奥利维拉·萨金特照顾。此外，他的继母奥利维拉和生父克里斯托弗还育有三个孩子。

从孩童时期开始，柯尔特就充满好奇心。据说，他小时候喜欢把小机器拆开，然后观察里面的工作原理。更有传言说，一本名为《知识宝库》的书激发了他的想象力，其中有很多科学家和发明家的故事，他们的发明以及对技术进步的贡献改变了整个世界。

柯尔特很小就开始上学，11岁时他开始为康涅狄格州格拉斯顿伯里的一名农民工作，此外他也会去父亲的纺织品制造厂帮忙。16岁时，他被父亲送到马萨诸塞州的阿默斯特学院，在

▼ 一张柯尔特专利转轮枪的广告，上面详细描述了这种转轮枪的构造和用途。

那里他学习了航海术和火药的相关知识。但是，1830年他参与了一次示威游行，这导致他被学校开除。

尽管柯尔特年轻时的故事有些是杜撰或曾被修饰的，但很多事实都能告诉我们柯尔特在机械方面确有天赋。而柯尔特的外祖父约翰·考德威尔上校曾在华盛顿领导的大陆军服役，他的燧发手枪后来送给了年轻的柯尔特，柯尔特对这把手枪的机械构造很着迷，据说他还喜欢听老兵讲故事。每次讲故事，那些老兵都在感慨自己没有一把不用重新装填就能多次发射弹药的武器。

1830年底，柯尔特成为双桅船"科尔武"号上的一名船员，这艘船从美国波士顿出发，目的地是印度加尔各答。连发枪的想法从未从他脑中消失，第一种说法认为柯尔特通过观察船上的旋转滚轮并注意到它会被一个钩爪锁定到固定位置，进而设计出了转轮枪；第二种说法是转轮枪的设想是受到了船上绞盘的启发；第三种说法是柯尔特在"科尔武"号到达英国利物浦后仔细研究了科利尔燧发枪。不过在海上航行时，柯尔特确实利用废木料雕刻出了一个可以动作的转轮枪模型。

初出茅庐的转轮枪

尽管父亲克里斯托弗愿意资助初出茅庐的柯尔特开展转轮

▼ 位于康涅狄格州哈特福德市的柯尔特制造厂，它有一个独特的带有金色星星点缀的蓝色洋葱形屋顶。工厂建于1855年，但在1864年被大火烧毁，接着在1867年重建。

枪项目，但他们只造出了一支步枪和一把手枪。那把手枪非常失败，在发射时发生爆炸，但步枪是令人满意的，经济上的困境逼迫着柯尔特在其他方面发挥自己的聪明才智。在尝试氧化亚氮气体后，他将自己封为"纽约、伦敦和加尔各答的著名咨询医生"，并在北美旅行时用"笑气"娱乐观众。此外，他还进行一些关于人性主题的表演秀，并成为一名充满活力的演说家。

1835年，柯尔特的转轮枪设计获得了英国的专利，一年后获得了美国的专利。1836年，他在新泽西州的帕特森创办了专利武器制造公司，投身到工业革命浪潮中。当时柯尔特只有22岁，一个叔叔协助他组建和管理公司，但1842年该公司因经营不善而倒闭。在六年的时间里，公司总共制造了超过2300支转轮手枪，1500支转轮步枪和卡宾枪，以及大约460支转轮霰弹枪。

▲ 美国内战时期北方军士兵的照片，他手持一把柯尔特M1860型转轮枪。美国内战爆发前夜，柯尔特停止向南方军出售枪支。

经过了在帕特森的挫折后，柯尔特将注意力转向了美国政府的薄锡纸防水弹药合同，他还试图说服美国政府采购用于港口防御的水雷，并开始与电报机的发明者塞缪尔·F.B.莫尔斯一起工作。柯尔特设计了一种涂有焦油的防水铜线，这使莫尔斯可以在水下放置电报机线路。

尽管受到政治内斗影响，水雷的合同以失败告终，但是柯尔特在这些项目中得到了一些资金，他用这些收入来重振自己的连发武器计划。与此同时，他也迎来了人生中的转折点，即第二次塞米诺尔战争，当时美国骑兵和得克萨斯州游骑兵都在战场上使用柯尔特武器。塞缪尔·沃克上尉和他的第15得克萨斯州游骑兵派遣队感受到了转轮枪的威力，据说柯尔特转轮枪挡住了70多个敌人的进攻。

随着墨西哥战争的爆发，沃克来到纽约找到柯尔特，并提出了一些建议。随后，柯尔特推出了一种改进型转轮枪，而美国军械部也决定采购1000支。突然，柯尔特面临另一个挑战，那就是他没有自己的工厂，因此他只好求助于惠特尼（他的父亲发明了著名的轧棉机）。柯尔特在1847年中期通过惠特

▲ 第一次世界大战期间，在康涅狄格州哈特福德专利武器制造公司工作的女工。这些女工正在加工M1911型手枪的枪管，M1911型手枪是20世纪初期最著名的手枪。

尼在康涅狄格州的工厂完成了政府的订单。

新市场

截至1851年，柯尔特已经从美国政府那里获得了丰厚的利润。他认识到国外市场的潜力，并在英国创办了一家制造厂。与此同时，他在康涅狄格州首府哈特福德市获得了康涅狄格河沿岸的大片土地，并在那里创办了一家先进的工厂，这家工厂第一年的产量就高达5000支。1855年，他又成立了一家公司——柯尔特专利武器公司。

柯尔特转轮枪的人气成倍增长，而柯尔特也因此成为美国最富有的人之一。作为市场营销和广告业的先驱，他将装饰精美的转轮枪送给很多国家的领导人，并在他们耳边悄悄说他们的敌对国家正在购买自己的武器。由于不愿根据英国的军事标准而修改基本设计，柯尔特在1856年关闭了伦敦工厂。然而，转轮枪的普及仍然如火如荼。在美国内战爆发前几年，他同时向北方军和南方军出售武器。

尽管柯尔特很年轻，但他的健康状况越来越差。1862年1月10日，柯尔特死于痛风并发症，享年47岁，并留下了一大笔财产。后来，他的妻子伊丽莎白·哈特·贾维斯·柯尔特控制了公司，与她的哥哥理查德·贾维斯成功拓展了公司业务，并在1864年哈特福德工厂被大火烧毁三年后重建了工厂。

1872年，柯尔特公司开始生产历史上第一种使用金属子弹的后膛转轮枪——单动M1873。

出售和重组

1901年，柯尔特公司被出售给一群外来投资者组成的联合体,公司继续生产优质的武器,包括M1911型手枪。M1911型手枪问世于第一次世界大战前夕,它在数十年里一直是美国军队的制式武器。到第二次世界大战结束时,柯尔特公司出现亏损,并遭受着生产率下降的损失。随后,公司被出售给宾-德公司,随后又被卖给另一组投资者。但公司的研发计划仍在继续,并在1960年推出了AR-15步枪,AR-15也是越南战争时期美国装备的M16步枪的前身。

1964年,柯尔特公司重组,随即产生了众多子公司和分部。受罢工影响,又失去了美国政府M1911和M16的合同,柯尔特公司在1992年向法院申请破产。两年后,公司正式破产,随后便被投资者唐纳德·齐尔卡和约翰·里加斯收购。

随后,柯尔特公司凭借与美国政府签订的多个合同恢复了财务健康和稳定的生产。2002年,柯尔特公司成立了LLC公司,专门为军事和执法部门研制武器,柯尔特公司则继续生产民用产品。

柯尔特丰富多彩的历史犹如一部创新、商业成功和克服困难的励志故事,柯尔特这个品牌早已被世界认可,塞缪尔·柯尔特留下的遗产永远不会消亡。

▼ 2011年部署到阿富汗的美国第1装甲师士兵正在练习使用柯尔特M4卡宾枪。

▲ 在新墨西哥州埃奇伍德的"狂野西部尽头"庆祝活动中,一名牛仔骑马参加射击比赛。柯尔特转轮枪以精度高著称,它在竞技射击爱好者中很受欢迎。

第一章
击发式转轮枪

19世纪20年代，雷汞的发明让可靠的火帽撞击击发形式变成现实，随后其他击发形式接踵而至，让枪械可以在任何天气条件下安全可靠地运行，并取代了此前的燧发机构。

当柯尔特在新泽西州帕特森创立专利武器公司时，他的转轮枪概念是当时全世界最先进的。雷汞火帽式击发机构发明后短短几年，柯尔特就将其应用在第一批作战武器中。柯尔特生产了三种转轮手枪和两种长管步枪，三种转轮手枪分别是口袋型、皮带型和皮套型；两种长管步枪一种用扳机击发，另一种用击锤击发。击发式武器的发射原理是：首先将子弹和火药塞进弹膛，再将击发药（雷汞）装进与弹膛相连的底火内。扣动扳机时，击锤会撞击底火，点燃击发药，进而点燃发射药，将子弹发射出去。

柯尔特帕特森转轮枪

柯尔特公司研制的三种早期转轮枪分别以携带方式、尺寸以及制造地来命名。它们也被统称为帕特森转轮枪，最初是1836年问世的7.1毫米口径型号，第二年公司推出了9.1毫米口径的型号。柯尔特帕特森转轮枪在英国和美国成功地申请专利后不久就开始了，也许最著名的帕特森转轮枪是5号皮套型，

柯尔特帕特森转轮枪

时间	1836 年
口径	7.1 毫米或 9.1 毫米
重量	1.2 千克
全长	349 毫米
枪管长度	190 毫米
装弹	五发转轮
射程	59 米

也被称作得克萨斯型。1942 年柯尔特公司位于帕特森的工厂停产，从 1837—1842 年间，该公司共生产了 1000 支 9.1 毫米口径的 5 号皮套型。

帕特森转轮枪是第一种采用转轮搭配单个固定枪管的手枪，机械构造复杂，这种单动设计能通过扳机发射转轮内的子弹，并需要手动掰起击锤才能发射下一发子弹。由于没有设计退弹杆，因此使用者需要将弹舱拆卸下来重新装弹。很明显，这存在严重的问题，尤其是在激烈战斗时，如果射手在马背上重新装弹几乎是不可能的。最初的型号生产了三年后，柯尔特公司通过加装了一个压弹杆和底火窗，实现了不用拆卸即可装弹，这大大提高了手枪的射击效率。随后很多之前生产的型号都进行了类似的改装。

有些携带帕特森转轮枪的人往往使击锤处于半击发状态，或者让击锤落到弹底火上，以准备随时发射。这些携带方式都非常危险，因为突然的振动或撞击就可能造成武器走火。另一种携带方法稍微安全一些，即让击锤落至两发弹药之间的转轮上。随着时间的推移，通过加装了一个安全销（位于击锤和底火台之间）使击锤可以落在安全销上，而不会接触到底火台。

使用者通常会用拇指向后拉动击锤，让一个弹膛旋转至与枪管成一直线并锁定到位，接着将可折叠扳机向下移动到位。帕特森转轮枪的特点是钟形握把和突出的扳机，这也让它比后来的柯尔特手枪显得笨重。柯尔特本人对精准度要求很高，帕

▲ 艺术家描述的墨西哥战争期间美国军队猛攻查普特佩克要塞的场景。当1847年战争高潮阶段得克萨斯游骑兵购买1000支转轮枪时,柯尔特武器的销量急剧增加。

特森转轮枪拥有一个叶片准星和击锤凹槽照门。在大部分情况下,它的有效射程可达59米。

尽管柯尔特向美国政府出售了大量帕特森转轮枪和卡宾枪,但是在第二次塞米诺尔战争结束后对武器的评估中,柯尔特武器受到了负面评价。原因是它们经常出现故障,并且无法经受住战场严酷条件的考验。然而,得克萨斯共和国成为柯尔特的一个客户,并购买了大约360支转轮手枪、步枪和霰弹枪。后来在1836年与墨西哥军队的战斗中,得克萨斯海军就是使用的柯尔特武器。

1843年,得克萨斯共和国总统山姆·休斯顿解散了海军,并将剩余的帕特森转轮枪交给了约翰·海斯上尉指挥的得克萨

柯尔特沃克转轮枪

时间	1847 年
口径	11.17 毫米
重量	2.06 千克
全长	400 毫米
枪管长度	229 毫米
装弹	六发转轮
射程	91 米

斯游骑兵部队。曾经在得克萨斯游骑兵和美国骑兵队服役的塞缪尔·沃克上尉在看到帕特森转轮枪出色的表现后,非常欣赏这种武器。后来,沃克来到纽约找到柯尔特(据说是受到扎卡里·泰勒将军的指示),并向他提出了一些改进建议。

在美国西进初期,得克萨斯游骑兵和美国印第安人的战斗非常激烈。在 1841 年的班德拉战役中,柯尔特帕特森转轮枪赢得了使用者的称赞,海斯手下大约 50 名游骑兵手持帕特森转轮枪抵御住了几百名科曼奇勇士几个小时的轮番进攻,只有五名战士阵亡。帕特森转轮枪不仅让科曼奇勇士感到恐惧,而且也赢得了游骑兵的信任。

塞缪尔·沃克

当塞缪尔·沃克前往纽约寻找柯尔特时,他脑中已经有几个对帕特森转轮枪的改进建议。尽管已经过去了 170 多年,传言已经与事实交织在一起,但可以肯定的是沃克对柯尔特设计的影响是非常显著的。

沃克出生于马里兰州,并在 1842 年来到得克萨斯州。两年后,他加入了得克萨斯游骑兵,并参加了很多战斗,最终被提拔到联队指挥官和上尉军衔。有些说法认为是他自己掏腰包前往纽约寻找柯尔特,他为的是自己部下的利益,并不是受到美国政府的指示。

柯尔特沃克转轮枪的设计始于 1846 年,并在第二年正式问世。沃克指出原始的帕特森转轮枪,尤其是 5 号皮套型,有几个地方需要增强，其中包括将五发转轮换成六发，并将口径增加到11.17毫米。因为沃克想要一把在远程和近程都有致命能力的转轮枪。这种大口径转轮枪每发子弹要耗费60粒黑火药，比其他转轮枪的子弹多一倍。

沃克的设想是需要大约1100支新型转轮枪，这些转轮枪可以被放置在马鞍的皮套内，单发子弹的威力能够杀死一个人或一匹马。但当时柯尔特本身并没有制造厂，因此他便委托朋友惠特尼，让他位于康涅狄格州的工厂完成订单。很快沃克就收到了两把新型的转轮枪，但不幸的是在1847年10月9日，他在墨西哥战争的瓦曼特拉战役中被敌人击中身亡。

尽管柯尔特沃克转轮枪经常出现灾难性的转轮炸膛故障，但它其实还是很有效的。约翰·福特曾经是美国军队中的一名军医，他目睹了沃克转轮枪的巨大威力。他看到一名美国士兵在91米开外击中了一名墨西哥士兵。福特记录了他的观察，并注意到在一名有经验的使用者手中，11.17毫米口径沃克转轮枪和13.7毫米口径密西西比步枪一样有效。

由于柯尔特沃克转轮枪的产量很少，因此原始型号受到很多收藏者的追捧。2008年，一名墨西哥战争老兵收藏的一把柯尔特沃克转轮枪卖到90万美元以上。

柯尔特骑兵转轮枪

柯尔特沃克转轮枪在战场上赢得了很高的声誉，并展现出比原来的柯尔特帕特森转轮枪好得多的性能。但是它的重量较

柯尔特哈特福德骑兵转轮枪

时间	1848年
口径	11.17毫米
重量	1.9千克
全长	375毫米
枪管长度	190毫米
装弹	六发转轮
射程	91米

柯尔特沃克骑兵转轮枪

时间	1848 年
口径	11.17 毫米
重量	1.9 千克
全长	375 毫米
枪管长度	190 毫米
装弹	六发转轮
射程	91 米

重,而且子弹容易卡在转轮内。此外,当在激烈的战斗中卸下压弹杆重新装弹时,柯尔特沃克转轮枪经常会卡壳而无法使用。

沃尔特骑兵系列问世于 1848 年,今天我们称它们为第一、第二和第三型。骑兵转轮枪的出现极大地促进了转轮枪的发展

▶ 墨西哥战争时期的一名骑兵,他手里是一把军刀,腰间的皮带上别着一把骑兵转轮枪。柯尔特转轮枪在墨西哥战争期间得到了广泛普及,随后柯尔特扩展了他的制造业务。

和完善过程。官方文件记载，由于美国军队曾经装备过此枪，骑兵转轮枪被称为柯尔特 M1848 型击发式军用转轮枪。因为主要是美国骑兵部队装备它，人们便将它称作骑兵转轮枪。

最初的型号被称为哈特福德骑兵转轮枪，它使用了老式柯尔特沃克转轮枪的备件。此外，柯尔特公司还生产了两种衍生型号，分别是骑兵 1848 型和沃克骑兵型。柯尔特骑兵第一型的生产时间是 1848 年到 1850 年，产量大约为 7000 支。它保留了 11.17 毫米的口径，并加装了一个放下扳机护圈，一个 V 型击锤簧和椭圆形转轮定位槽口。击锤后面既没有滚花纹，而且转轮底火台间也没有保险销。

柯尔特骑兵转轮枪	
时间	1848 年
口径	11.17 毫米
重量	1.9 千克
全长	375 毫米
枪管长度	190 毫米
装弹	六发转轮
射程	73.15 米

第二型采用了方形转轮定位槽口，V 型击锤簧换成了扁平的叶片状击锤簧。击锤上有滚花且击锤簧上使用了轴承。第二型的总产量大约为 1 万支。第三型的生产时间是 1851 年到 1860 年，总产量大约为 1 万支，其中政府的订单大约为 8400 支。第三型装有圆形扳机护圈、方形转轮定位槽口、水平压弹杆插销和折叠叶片式瞄具。有些第三型还装有各种瞄具和用来连接抵肩式枪托的接口。

1848 年到 1860 年间，柯尔特公司共制造了 2 万多支骑兵转轮枪，大部分都出售给了美国军队，大约 750 支出口给了英国。骑兵转轮枪的弹膛较短，只能容纳 50 粒黑火药，而不是沃克转轮枪的 60 粒。骑兵转轮枪的枪管较短，只有 190 毫米，而压弹杆底部有一个啮合装置，防止发射产生的后坐力将压弹杆震落。柯尔特骑兵三种型号采用相同的技术规格，并且在民用市场上大受欢迎。一直到美国内战前夕，它的销量在十多年里一直很出色。

柯尔特口袋型转轮枪	
时间	1849 年
口径	7.9 毫米
重量	0.74 千克
全长	222 毫米
枪管长度	101 毫米
装弹	五发转轮
射程	23 米

口袋型转轮枪

柯尔特在推出骑兵转轮枪的同时还设计了两种缩小版的口袋型转轮枪。柯尔特口袋型转轮枪的历史可以追溯到早期的"帕特森口袋版转轮枪",有 6.1 毫米和 7.9 毫米两种型号,从这一点我们就能看出柯尔特对袖珍口袋型手枪的喜爱。M1848 口袋型转轮枪的设计始于 1847 年,今天人们通常将它称为"小骑兵",在淘金热时代,很多去加利福尼亚州的淘金者都会购买一把。M1849 口袋型转轮枪紧随其后,它上面加装了一个压弹杆。最初没有压弹杆的口袋型转轮枪有时也被称为威尔斯·法戈型,原因应该是与淘金热有关。但是并没有证据表明威尔斯·法戈下令将口袋型转轮枪发给下

▶ 这名骑兵戴着一顶哈迪式帽子,手里拿着一把步枪和一把柯尔特 M1848 口袋型转轮枪。口袋型和小骑兵型转轮枪是同一个时期研制的,外观很相似。

从 19 世纪 50 年代到 20 世纪初期，7.9 毫米口径口袋型转轮枪在民用市场一直很受欢迎，这也让公司在几十年里的效益一直很好。1850 年，柯尔特公司推出了 9.1 毫米口径海军版口袋型，随后又在 1860 年推出了 9.1 毫米口径警用版口袋型转轮枪。1847 年到 1873 年间，民用版口袋型的产量超过了 32.5 万支，在此期间柯尔特公司还生产了 1.9 万支海军版和 2.8 万支警用版。1964 年，柯尔特公司的工厂发生大火，这在一定程度上影响了海军版和警用版的产量。

1860 年，口袋型转轮枪上出现了一项重要的改进，应用更坚固的合金材料后，海军版口径升级到 11.17 毫米，民用版口径也升级到五发转轮 9.1 毫米。

M1862 警用版口袋型转轮枪还有一些其他的改进，包括圆形枪管、棘齿压弹杆和轻型凹槽转轮等。M1862 海军版口袋型则装有一个八角形枪管。柯尔特希望这两种口袋版转轮枪能够增强老式 7.9 毫米口径子弹的击倒能力。尽管海军版口袋型早在 1860 年就将口径增加到 11.17 毫米，但柯尔特公司相信公众会很快接受新型 M1862 口袋型转轮枪。两种型号的转轮是锥形的，锥角朝向后部，并且枪管长度都是 140 毫米。最终，M1862 警用版和海军版口袋型的总产量为 4.8 万支。

柯尔特 M1862 警用版口袋型转轮枪

时间	1862 年
口径	7.9 毫米
重量	0.68 千克
全长	279 毫米
枪管长度	165 毫米
装弹	五发转轮
射程	58 米

柯尔特海军转轮枪

到美国内战时期，柯尔特专利武器公司推出 M1851 型后才被第一次认为实现了真正意义上的财务成功，而具有讽刺意味的是人们将它命名为"海军"。柯尔特 M1851 海军转轮枪的口

THE COLT BREECH-LOADING REVOLVER.

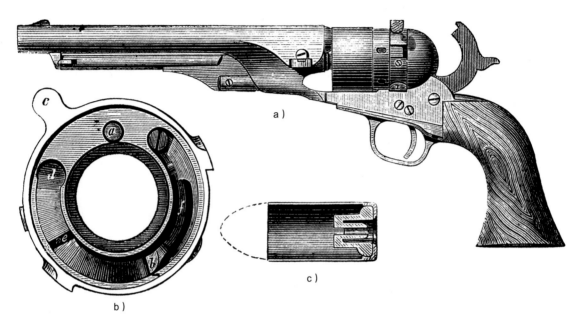

▲ 1869年伦敦的《力学》杂志上的插图。图 a 是组装完成的后膛装弹转轮枪；图 b 是后膛装弹盘；图 c 是子弹。

径为 9.1 毫米，生产时间为 1850 年到 1873 年，在 23 年里它的总产量超过了 21.5 万支，产量比它高的只有口袋型转轮枪。

柯尔特位于伦敦的工厂总共制造了大约 2 万支 M1851 海军转轮枪。这种武器在欧洲很受欢迎，客户包括沙俄、普鲁士、奥匈帝国、波兰和英国。

人们之所以给柯尔特 M1851 型起"海军"这个绰号，是因为转轮上雕刻有海军场景。据说这个雕刻描述了 1843 年得克萨斯共和国和墨西哥海军在坎佩切战役的场景。但得克萨斯海军从未大规模使用过这种型号，而且并不是所有的 M1851 型都带有这种雕刻。"海军"这个名字却一直保留下来，而且成为 9.1 毫米口径柯尔特转轮枪的通用绰号。

随着时间的推移，子弹的类型也不断进步，而到 19 世纪 70 年代，金属弹壳的应用也越来越广泛，但是柯尔特 M1851 海军转轮枪在世界上仍然很受欢迎。这种单动式转轮枪采用击锤撞击含有雷汞的火帽设计，使用者发射完一发子弹后需要手动翘起击锤。它采用开放式框架,转轮顶部没有连接桥,并且扳机被放置在握把前部。握把的底部很平坦,并且握把的形状极具特色,有助于在瞄准射击时可以提高操控性。

M1851 型的火帽位于弹膛后面的底火台上,并且使用黑火药和铅弹。尽管它在装弹方面显得比较笨重,但是它的稳定性很高,总共只有 11 个零部件,拆卸维护保养非常容易。此外,M1851 型比较紧凑,全长只有 355 毫米,八角形枪管的长度只有 190 毫米,重量只有大约 1.17 千克。

M1851 型携带起来很方便,并且在美国内战时期深受北方和南方骑兵的欢迎。美国内战结束后,很多西部拓荒者都带着它来到西部,它经常出现在美国的边境线上。据说 M1851 型还

▼ 在这张照片中,左侧的骑兵拿着一把军刀;右侧的骑兵则握着一把柯尔特海军转轮枪。柯尔特海军转轮枪深受那些经常骑马的骑兵和军官的欢迎。

柯尔特 M1851 海军转轮枪

时间	1851 年
口径	9.1 毫米
重量	1.17 千克
全长	355 毫米
枪管长度	190 毫米
装弹	六发转轮
射程	69 米

深受很多名人的喜欢,包括南方军队的罗伯特·E.李将军、OK 镇的赌徒霍利戴医生和《狂野西部》中的野蛮比尔。

柯尔特 M1855 侧锤是另一种小型的早期柯尔特转轮枪,它有 7.1 毫米和 7.9 毫米口径两种型号,空弹时总重量还不到 0.56 千克。单动 M1955 型的特点是击锤位于枪体左侧,并用螺钉铰接到右侧。由于尺寸较小,它也经常被归类为柯尔特口袋型转轮枪。

M1855 型是柯尔特设计的,柯尔特公司的员工伊利亚·鲁特在它的制造和上市过程中贡献很大。因此,M1855 型也被称作鲁特转轮枪。

在 M1855 型之前,柯尔特转轮枪都采用开放式结构设计,转轮顶部缺少一个支撑框架结构。M1855 型是柯尔特第一种五发转轮上下都连接到框架结构转轮枪,这种结构的强度更高,让它在与雷明顿转轮枪的竞争中更具优势。M1855 型的生产从 1855 年一直持续到 1870 年,7.1 毫米口径型号的产量为 3 万支,7.9 毫米口径型号的产量为 1.4 万支。M1855 型也是采用雷汞火帽式击发机构机制,弹药由黑火药和锥形弹头构成。

柯尔特 M1855 型有七种不同的衍生型号,分别是 M1、M2、M3、M4、M5、M6 和 M7 型。M1、M1A 和 M2 型以圆形转轮和雕刻图案来区分。雕刻图案是俗称的"小屋和印第安人",由艺术家 W.L. 奥姆斯比创作。图案的上边缘是点和线的

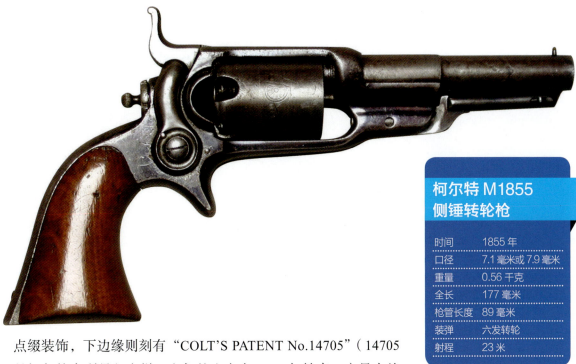

柯尔特 M1855 侧锤转轮枪

时间	1855 年
口径	7.1 毫米或 7.9 毫米
重量	0.56 千克
全长	177 毫米
枪管长度	89 毫米
装弹	六发转轮
射程	23 米

点缀装饰，下边缘则刻有"COLT'S PATENT No.14705"（14705 是柯尔特专利号）字样。它们的生产在 1860 年结束，产量大约为 2.5 万支。M3、M4 和 M5 型采用了凹槽转轮，上面并没有雕刻图案，但很多人选择手工雕刻装饰。M6 和 M7 型重新采用了圆形转轮，上面有艺术家奥姆斯比创作的"抢劫驿站马车"的图案。

M1855 型在柯尔特产品系列中很独特，因为它采用了变形压弹杆，几乎直立式击锤设计，以及一个没有护圈的扳机。此外，它还装有一个符合人体工程学原理的弯曲木制握把。它可以搭配 89 毫米、102 毫米和 114 毫米长的枪管。由于与柯尔特的早期设计有所不同，因此在市场上从未被公众广泛接受。

北方和南方军队

柯尔特很早就意识到仅仅制造高品质枪支还远远不够，这些枪支必须转化为利润。随着美国南北双方紧张局势升级，柯尔特公司的转轮枪在南北双方都找到了广阔的市场。但是，在美国内战爆发前夕，柯尔特艰难地决定停止向南方军队提供武器。

▲ 这是一名美国内战时期的士兵,他的左手拿着一把猎刀,右手握着一把柯尔特 M1860 型转轮枪。美国内战爆发后,柯尔特公司向北方军队提供了大量的转轮枪。

▲ 图画描绘的是北方联邦内森·贝德福德·福雷斯特将军率领一支骑兵部队冲锋陷阵的场景。很多北方和南方军队军官都带着柯尔特转轮枪上阵，福雷斯特将军就是其中一个。

南北双方军队都大量购买柯尔特 M1860 型转轮枪，并且到内战爆发时，M1860 型已经成为作战双方使用最广泛的武器。从 1860 年到 1873 年，M1860 型的产量超过 20 万支，其中将近 13 万支卖给了北方政府，每支价格是 20 美元，这在 19 世纪 60 年代是相当昂贵的价格。M1860 型是北方军队的标准装备，装备的人员包括骑兵、步兵、军官和海军人员。

M1860 型的口径为 11.17 毫米，它采用了开放式框架结构。这也就意味着它的转轮顶部没有支撑框架，故与采用封闭式框架的 M1851 海军转轮枪的尺寸相同，而 M1851 型的口径较小只有 9.1 毫米，因此 M1860 型的框架强度要更高才能承受 11.17 毫米圆形或圆锥形子弹产生的巨大冲击力。它的转轮是圆锥形，被设计成可容纳大口径弹药的最小直径。此外，枪管的导锥比 M1851 型略短，这能让转轮更长。当柯尔特公司停止向南方军队提供 M1860 型时，有些小的制造商试图生产一些山寨品，这令一生中极力捍卫自己专利权的柯尔特大为生气。

当内战爆发后，南北双方的转轮枪供应都很短缺，柯尔特公司也加大产量以满足北方军队的要求。当南方军队占领了几处北方联邦的兵工厂后，他们得到了不到 500 支柯尔特转轮枪。到 1861 年底，由于转轮枪的供应严重不足，北方联邦的第三伊利诺伊骑兵团仍然依靠单发转轮枪作战。在战争的最初几个月，柯尔特只向军队提供了不到 150 支转轮枪。

南方军队韦德·汉普顿上校（后来升为上将军衔）指出自己的骑兵每人都要配备两支柯尔特 M1860 型转轮枪和一把军刀。南方军队约翰·辛格尔顿·莫斯比（他控制了弗吉尼亚州核心地区一大片领土，那里被称为"莫斯比的联邦"）上校很青睐柯尔特 M1860 型，他的部下詹姆斯·威廉森写道："我们遇到的大部分都是近战，转轮枪会对结果造成决定性的影响。"

有些历史学家推算出在 1963 年 7 月 1 日到 3 日的葛底斯堡战役中，北方军队使用的转轮枪中有 84% 都是柯尔特 M1860 型。一名北方军队骑兵军官评论道："我的战士不会在冲锋时拔出刺刀，我们只会使用转轮枪。"

M1860 型枪管下部有一个相同长度的啮合压弹杆，用来装填 30~35 粒黑火药，子弹靠近弹膛后部，火帽安装在一个底火台上。当使用者拉下压弹杆时，它会向着弹膛后部移动，并将弹药压向到后部。随后使用者就可以翘起击锤，扣动扳机，击锤会撞击火帽，击发弹膛内的火药，进而将子弹发射出去。

在压弹杆移动时，子弹表面的少量毛刺会被刮掉，有助于弹膛更加密封。这能使得弹膛内压力更大，子弹的速度更快，并且发射后枪管更干净。这能避免火药残留物的堆积，防止出

柯尔特 M1860 型转轮枪

时间	1860 年
口径	11.17 毫米
重量	1.2 千克
全长	355 毫米
枪管长度	203 毫米或 190 毫米
装弹	六发转轮
射程	69 米

▲ 美国内战时期，北方士兵作战的武器。左侧的士兵拿着一把军刀，右侧的士兵则拿着一把卡宾枪。他们的腰间都别着一把柯尔特 M1860 型转轮枪。

现炸膛和走火等危险。

与其他单动撞击式火帽转轮枪相同,M1860型的装弹过程显得比较笨重。使用者首先将黑火药装进弹膛内,接着再从枪口装填弹丸,然后再使用压弹杆压实弹和药。随后翘起击锤,此时就处于发射状态。击发后再翘起击锤,发射其他六发子弹,然后重新装弹。有时候,使用者会使用包裹着黑火药和弹丸的纸质子弹,尽管这能减少一些时间,但每次发射时还是需要手动翘起击锤。

第一批1000支柯尔特M1860型采用了190毫米枪管,后来的型号则换成了203毫米枪管。符合人体工程学弯曲握把由高品质胡桃木制成,弯曲击锤角轻轻向后翘起,以便使用者更加方便。扳机和扳机护圈都非常纤细,转轮通常是圆柱体或带凹槽的圆柱体。几个月后,柯尔特公司推出了M1861型转轮枪。本质上讲,M1861型转轮枪是老式柯尔特转轮枪的升级版。与M1851型和M1860型类似,美国内战时期很多北方军队士兵也装备了M1861型转轮枪。

M1861型的口径为9.1毫米,它的精美胡桃木握把是由一块单独的木头雕刻而成的,再加上黄铜扳机护圈,让这把柯尔特转轮枪显得与众不同。M1861型配有光滑和带槽两种转轮,很多都没有"海军战斗"的装饰图案。M1861型和M1851型的明显区别是,前者的八角形枪管长度只有190毫

柯尔特M1861型转轮枪

时间	1861年
口径	9.1毫米
重量	1.17千克
全长	330毫米
枪管长度	190毫米
装弹	六发转轮
射程	69米

▲ 这张图画描绘了 19 世纪末柯尔特制造厂繁荣生产的场景。M1873 型转轮枪的流行给柯尔特带了巨大的名声和财富。

米。此外，它的侧面还印有柯尔特的专利号和口径。

尽管 M1860 型在美国内战战场上很受欢迎，但 M1861 型具有口径小，后坐力低，方便在马背上瞄准和射击的特点，因此有些骑兵，尤其是南方军队骑兵更喜欢这种转轮枪。M1861 型既可以发射纸包子弹，也能发射黑火药 + 松散弹丸分别装填的子弹。无论子弹类型如何，都需要用压弹杆压实。当击锤撞击火帽时，就会击发弹膛内的火药。

M1861 型转轮枪是一把非常漂亮的转轮枪，上面经常刻有精美的图案。尽管它的性能出色，但从未达到 M1851 型和 M1860 型受欢迎的程度。从 1861 年到 1873 年间，M1861 型的总产量大约为 3.8 万支。

"和事佬"

柯尔特和公司元老的去世，以及两年后的毁灭性大火极大地影响了接下来三年的产量，在外人看来柯尔特公司可能会因此走向破产。但是，事实并非如此，当柯尔特去世后，他的妻子伊丽莎白及其哥哥理查德接管了公司。伊丽莎白在

柯尔特 M1873 型转轮枪

时间	1873 年
口径	11.17 毫米
重量	1 千克
全长	260 毫米
枪管长度	121 毫米
装弹	六发转轮
射程	91 米

接下来的 39 年里一直管理着公司业务，直到 1901 年去世。

伊丽莎白监督新工厂的重建工作，并下令加装很多防火措施防止再次发生灾难性的火灾。原来的军械库因蓝色洋葱形圆顶很容易辨认，重建后保留了这些与众不同的特点。1867 年，柯尔特公司按政府合同开始研制加特林机枪，并在 1868 年后负责更换老式击发式转轮枪的转轮，以使用更先进的金属弹壳。更换转轮后，转轮枪就可以使用枪口装弹中心发火式子弹。

柯尔特生涯的其中一个重大失误是公司多年来的盲目扩张，并基本保持原来的设计，几乎没有创新。19 世纪 50 年代初期，怀特来到柯尔特公司工作，后来他想出了一个把传统转轮通过钻孔变为弹巢的概念，这种创新能让转轮枪发射金属弹壳弹，这极大简化了装弹过程。后来罗林·怀特申请了一项专利，而该专利后来被柯尔特公司的竞争对手史密斯＆维森公司获得。

但是柯尔特比较保守，并不喜欢别人对他的基本设计提出改进意见和建议，因此他一怒之下解雇了怀特。后来怀特来到史密斯&维森公司，公司很喜欢他的想法，并帮助他申请了专利。正是这项专利，让柯尔特公司在二十几年里一直无法制造使用金属弹壳弹的转轮枪。

尽管自从1869年春季，研发工作就一直在进行，但是直到1872年柯尔特公司才在法律的影响下开始生产使用金属弹壳弹巢转轮枪。柯尔特M1873型转轮枪问世后便享誉全世界，人们给它起了"和事佬"的绰号，并称之为"赢得西部的手枪"。

在接下来的68年里，柯尔特公司制造了超过36万支M1873型，包括11.43毫米、11.17毫米、9.65毫米、9.1毫米、8.1毫米和5.6毫米口径型号。1872年美国政府进行了一次转轮枪测试竞赛，为了赢得美国政府利润丰厚的合同，柯尔特公司研制了M1873型转轮枪。M1873型在接下来的20多年里一直是美国军队的标准武器。1892年，美国骑兵部队中的M1873型被9.65毫米口径的双动M1892型取代，而炮兵和步兵部队中的型号则继续使用。

工程部主管查尔斯·布林克霍夫·理查兹和制造厂厂长威廉姆·梅森两个人承担了M1873型的研发任务。最终，M1873型有30多种不同口径和多种枪管长度的型号。到20世纪后，柯尔特公司曾经两次停产，但由于公众的迫切需要，公司才决定重新生产。

标准M1873型的性能参数一直存在争议，但一般说来标准型号空弹时的重量为1千克，总长度是318毫米，枪管长度是190毫米。经过几年的发展，市场上出现各种枪管长度和口径的组合，大部分都有了自己的绰号。M1873型转轮枪的性能非常出色，很多士兵、牛仔、牧场主、农场主、警长以及歹徒都将它作为副武器。M1873型的传奇经受住了时间的考验。

M1873型在问世的时候并没有任何创新的东西。它的六发转轮有一个封闭框架包裹，并且叶片式缺口式瞄准具也很普通。它的机匣很结实，里面包裹着扳机、弹膛和击锤部件。击锤从机匣顶部突出来，木雕握把稍稍向后展开，与前端的枪管及其下面的退弹杆保持平衡。扳机的位置较低，并配有一个方形扳击护圈，略微下倾，以方便使用者操作。第一种M1873

▶ 著名的警长怀亚特·厄普。他有一把名为"Buntline Special"的定制柯尔特 M1873 型转轮枪，据说这把枪是作家爱德华·赞恩·卡罗尔·贾德森（写作时用笔名 Ned Buntline）送给他的。

型使用 11.43 毫米口径长型柯尔特金属弹壳弹，但在生产初期就出现了很多衍生型号。每一种型号的枪管长度都不相同：骑兵使用的型号枪管长度为 190 毫米；平民使用的型号枪管长度为 121 毫米；炮兵使用的型号枪管长度为 140 毫米。即使最短的枪管，长度也有 76 毫米，这些袖珍型号的使用者主要是店主、警长和银行家，因为他们都需要一把便于隐藏的武器以保护自己。

传奇警长怀亚特·厄普有一把名为"Buntline Special"的定制柯尔特 M1873 型转轮枪，Buntline 转轮枪的特点是装有 305 毫米长的枪管和一个便于操控的加长枪托。Buntline 转轮枪有一个可能是编造的故事，据说当怀亚特在堪萨斯州道奇市和平委员会工作时，作家爱德华·赞恩·卡罗尔·贾德森（写作时用笔名 Ned Buntline）送给他这把转轮枪。

斯图尔克·莱克在 1931 年出版的人物传记《怀亚特·厄普：边境元帅》中有这样一个故事：贾德森从柯尔特公司特别订购了"Buntline Special"转轮枪，并将它们送给警长怀亚特·厄普和其他四名警长，他们分别是比尔·迪尔曼、查理·巴西特、尼尔·布朗和巴特·马斯特森。这个故事可能是虚构的，但这也展示出 M1873 型在当时神话般的地位。

到 1874 年底，M1873 型的产量已经达到 1.6 万支，其中政府购买了超过 1.2 万支并将它们发给了军事人员，剩余的都被平民购买。当时柯尔特转轮枪与史密斯 & 维森 M3 型转轮枪（俗称斯科菲尔德转轮枪）在美国政府中处于相同的地位。但是军队和公众用他们的钞票投票后，柯尔特彻底打败了竞争对手。

柯尔特和史密斯 & 维森转轮枪存在的问题是，两者的子弹不兼容。柯尔特 M1873 型转轮枪能使用短壳弹或长壳弹，而史密斯 & 维森 M3 型转轮枪只能使用短壳弹。尽管美国政府决定停止购买长壳弹，但 M3 型转轮枪仍然逐渐退出军事服役，转

第一章 击发式转轮枪 33

柯尔特"Buntline Special"转轮枪

时间	1876 年
口径	11.43 毫米
重量	不详
枪管长度	300 毫米
装弹	六发转轮
射程	138 米

而主要面向民用市场。

最早的 M1873 骑兵和炮兵型号深受收藏家喜爱,而且根据离开生产线时被不同质检员质检,它们也被分成不同的等级。从 1873 年 10 月到 1874 年 11 月,奥维尔·W.安斯沃思担任柯尔特公司质检部副主管。第一批 M1873 型正是从他手中出厂的。在这段时间里,安斯沃思经受过的转轮枪都会在握把左侧印上"OWA"标志。

▼ 柯尔特 M1873 型的分解图,展示了这种转轮枪的各种部件。

柯尔特单动 44-40 转轮枪

时间	1877 年
口径	11.17 毫米
重量	1.05 千克
全长	318 毫米
枪管长度	190 毫米
装弹	六发转轮
射程	91 米

安斯沃思检查的 M1873 型转轮枪都被装备给了美国第七骑兵部队，1876 年春季在乔治·阿姆斯壮·卡斯特将军的领导下，这支部队进行了一场悲壮的战斗。在蒙大拿山区的小喇叭河谷底，卡斯特将军的骑兵拿着这种柯尔特转轮枪面对数倍于自己的夏安族和苏族勇士，战至最后一个人。在 19 世纪 70 年代末，亨利·纳特尔顿成为美国政府斯普林菲尔德兵工厂质检部的副主管，他经手出厂的 M1873 型在木制握把左侧印有"HN"标志。

随着 M1873 型逐渐普及，柯尔特公司在 1875—1880 年间开始生产少量的 11.17 毫米口径，使用亨利边缘发火式子弹。它的产量不到 1900 支。10 年后，柯尔特公司又推出了 Flattop Target 型，它的产量不到 950 支。Flattop Target 型的特点是转轮顶部的平台框架，一个可调节叶片式照门和一个带有中心可调式准星。

1895 年初，柯尔特公司与美国政府签订合同，对超过 2000 支 M1873 型转轮枪进行翻新和升级。同一年，随着产量达到 16.4 万支，M1873 型在装配过程中也出现了一些细微的变化，将原来的圆柱销固定螺栓换成了弹簧式底座销闩。在翻新后的 M1873 型中，大约 1200 支换成了 140 毫米长的枪管，大约 800 支换成了 190 毫米长的枪管。随后在 1898 年，美国政府在斯普

柯尔特 M1873 型转轮枪	
时间	1873 年
口径	11.43 毫米
重量	0.95 千克
全长	279 毫米
枪管长度	140 毫米
装弹	六发转轮
射程	91 米

林菲尔德的兵工厂又对大约 1.5 万支进行了升级,那些升级后装有较短枪管的转轮枪在美国陆军记录中被命名为"修改过的转轮枪"。

有些历史学家推测用"Artillery"这个词(火炮)来形容枪管长度为 140 毫米的 M1873 型似乎有些误导。之所以会出现这种事是因为轻型炮兵部队首先开始装备这种翻新后的转轮枪。美国军队之所以会选择对 M1873 型进行翻新是因为轻便的 9.65 毫米口径 M1892 型的威力不如 11.43 毫米口径的 M1873 型。因此前线的炮兵和骑兵部队都会装备绰号为"Artillery"的 M1873 型。

M1873 型的服役生涯中很长,它参加过美西战争和菲律宾-美国战争。M1873 "Artillery"型在外观上与最初的型号不同,在最初型号上都会印有检验员的名字缩写,但"Artillery"型则只印有"US"字样。此外,有些型号也会印有"RAC"和"K"字样,"RAC"代表雷纳德·A. 卡尔(Renald A. Carr),这个人是很多翻新型号的质检员,而字母"K"则代表替换部件。

柯尔特 M1873 型转轮枪	
时间	1873 年
口径	11.43 毫米
重量	1.05 千克
全长	318 毫米
枪管长度	190 毫米
装弹	六发转轮
射程	91 米

▶ 这张插图描绘的是一名牛仔骑着马用 M1873 型转轮枪朝着挥舞着长矛追赶他的美国土著勇士射击。M1873 型也被称为"赢得西部的手枪"。

在生产了大约 30 年后，柯尔特公司于 1900 年或更晚开始生产无烟火药子弹的型号，这些型号的编号都高于 192000。从 1873 年到 1900 年，柯尔特公司一直在生产黑火药的 M1873 型，它们的特点是在框架前部有一根中心销锁定柱塞。对于那些使用无烟火药的型号，中心销锁定柱塞则位于框架侧面。

1920 年，原来型号上的叶片式缺口式照门换成了更大的照门。随后到 1923 年公司五十周年庆典时再没有其他明显的变化。柯尔特 M1873 型的生产从 1873 年一直持续到 1940 年，虽然官方宣布停产，但是还是有少量是在第二次世界大战结束后完成的。这些第一代转轮枪诞生于转轮枪的黄金时代，各种口径的型号都被誉为经典。第一代 M1873 型中产量最多的型号应该是 11.43 毫米口径型号，几乎占了总产量的一半；9.65-10.16 毫米口径型号的产量大约为 5 万支；5.1-8.1 毫米口径型号的产量大约为 4.3 万支；10.41 毫米口径长管型号的产量大约为 1.95 万支。

"名于西部"

在第一代柯尔特 M1873 型转轮枪中，产量第二多的是 P 型，数量大约为 7.15 万支，它使用与温彻斯特 M1873 型杠杆式步枪相同的温彻斯特 10.16-11.15 毫米口径子弹。温彻斯特 M1873 型杠杆式步枪也是一种非常著名的武器，它与柯尔特 M1873 型分享了"赢得西部的手枪"这一称号。随着时间的推移，温彻斯特 M1892 型杠杆式步枪也开始使用相同口径的子弹。使用相同的子弹对于美国西部初期的士兵、牛仔来说都很有好处。在激烈的战斗中，不同武器使用相同的子弹能极大地节省时间。

柯尔特 P 型的官方名字是 Frontier Six-Shooter，最初柯尔特公司采用酸蚀法将"Frontier Six-Shooter"字样印在枪管左侧，后来换成了滚印工艺，并且到 1919 年又加上了口径".44-40"的字样。很多在美国西部的传奇人物都是凭借柯尔特 P 型转轮枪和温彻斯特 M1873 型步枪打响了自己的名声。

与美国西部有关的浪漫和冒险故事一直深受现代人的喜爱，并且一把有起源的 P 型转轮枪都被收藏家们视为珍品。在 2014 年 6 月的一次拍卖会上，拍品包括属于狂野西部秀著名主持人比尔·科迪的一把 P 型转轮枪和一条苏族酋长西庭送给他的一个熊爪项链，据报道称两件拍卖品都以 40625 美元的价格成交。

科迪在以 19 世纪穿越美国西部的狂野西部秀而出名，据说苏族酋长西庭曾多次出现在节目中。据说这把 P 型转轮枪是比尔的私人收藏品，后来卖给了纽约的哈特利 & 格雷厄姆公司。据说，这把转轮枪在科迪表演时用作道具。

1894 年，柯尔特公司又将 M1873 型作为一种运动手枪推向

市场,并且凭借在英国比斯利著名靶场的出色表现,人们也称它为比斯利型。比斯利靶场会定期举办世界性的射击比赛,最早可以追溯到19世纪。与M1873型家族其他型号相比,比斯利型的击锤簧更长,并且击锤上装有一个夹头,框架顶部很平坦,可以安装一个可调节的滑动式照门。叶片式准星可以抬升,并可以从槽型底座向前移动。比斯利型还装有一个更长的握把、更宽的扳机和扳机护圈,以方便使用者操作。

在美国,标准的比斯利型(名字印在枪管上)成为一种非常流行的个人防御武器。

因为这种转轮枪在特定情况下可以实现快速射击。到1915年底停产时,各种口径的比斯利型的产量超过4.4万支,其中有大约1000支是射击运动型号。比斯利型的变化也是按照其他M1873型的顺序来的,除了少数早期生产的型号,比斯利型的枪管左侧都印有"BISLEYMODEL"的字样和口径数值。

有很多著名的人物都携带着柯尔特M1873型转轮枪,其中最著名的应该算是第二次世界大战时期的乔治·巴顿将军和美国总统西奥多·罗斯福。罗斯福在此前的美西战争中取了光辉的事迹。众所周知,巴顿有一把定制的M1873型转轮枪,象牙

柯尔特比斯利型转轮枪

时间	1894年
口径	各种口径
重量	1.4千克
全长	260毫米
枪管长度	121毫米
装弹	六发转轮
射程	69米

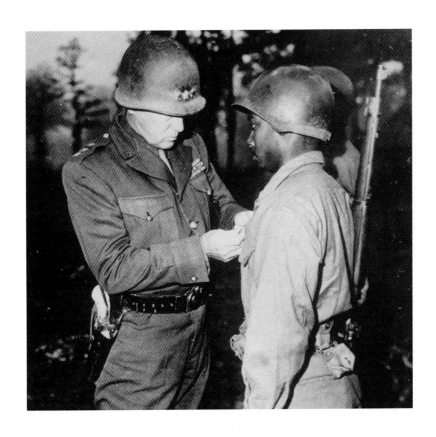

◀ 美国乔治·巴顿上将在欧洲某地为一名战士挂上勋章。在他腰间皮套里的是一把象牙握把M1873型转轮枪，握把上刻有他名字的首字母和一个雄鹰的图案。

握把上刻有他名字的首字母和一个雄鹰的图案。作为一名年轻的美国军官，巴顿参加了1916年的围剿墨西哥土匪潘乔·维拉的行动，他击毙了维拉的两名同伙。此外，关于巴顿这把转轮枪的故事还有很多。

1901年9月，美国总统威廉·麦金利遇刺身亡，随后罗斯福就任美国第二十六任总统。鉴于麦金利是被一名枪手暗杀的，罗斯福决定带着自己的柯尔特转轮枪以保护自己。罗斯福曾经参观过哈佛大学，在那里他被授予荣誉学位。当时哈佛大学校长查尔斯·威廉·艾略特博士护送罗斯福回休息室换衣服，当罗斯福将他的柯尔特转轮枪放在茶几上时，艾略特感到非常震惊。他问罗斯福，带着枪是否会感觉不习惯，罗斯福回答："已经习惯了，尤其是在公共场合。"后来罗斯福访问纽约奥伊斯特贝的基督新教圣公会时，他携带的柯尔特转轮枪就引起了很多人的注意。1912年10月24日他在一次促选活动中，在完成了90分钟的演说后，他被隐藏的枪手击中胸部。

▲ 狂野西部秀中的著名英雄比尔正拿着自己的步枪凝视远方。马鞍的皮套内是一把柯尔特 M1873 型转轮枪。

俄国型号

柯尔特 M1873 型有众多衍生型号，其中比较有名的应该算是 .44 口径俄国型。从名字就可以看出这种转轮枪的口径为 44 英寸（11.17 毫米）。.44 口径俄国型也被称为 .44 口径 S&W 俄国型，S&W 正是柯尔特公司一直以来的竞争对手史密斯 & 维森公司的首字母。

关于这种转轮枪的起源有两种说法。第一种是大约在 1870 年，俄国驻美国大使亚历山大·高尔洛夫将军经过与史密斯 & 维森公司谈判后，决定购买大批问世于 1868 年的 3 号型转轮枪。另一种说法是俄国的亚力克西斯公爵在与比尔、菲尔·谢丽丹和乔治·卡斯特将军看到 3 号转轮枪在美国西部狩猎季中的出色表现后，决定与史密斯 & 维森公司签订合同。

据说，俄国与史密斯 & 维森公司签订的合同中有一项条款。俄国人并不接受相对较弱的 .44 口径史密斯 & 维森子弹，他们认为外部润滑子弹在使用一段时间后会污染和腐蚀枪管。因此他们要求史密斯 & 维森公司研发内润滑 11.17 毫米口径子弹。成功完成子弹的研制后，史密斯 & 维森公司总共向俄国出售了超过 13.1 万支 3 号转轮枪。为了适应俄国 .44 口径子弹，工程师将 3 号转轮枪的弹巢孔，以 .457 口径弹药阶梯式缩颈为模版，

柯尔特 .44 俄国型转轮枪	
时间	1873 年
口径	11.17 毫米
重量	1 千克
全长	279 毫米
枪管长度	139 毫米
装弹	六发转轮
射程	91 米

以适应俄国 .44 口径弹药。

有消息称亚力克西斯公爵在 1872 年访问美国的原因有两个，一个是视察合同的进展情况，另一个是与比尔、谢丽丹和卡斯特一起狩猎水牛。借鉴了柯尔特的营销手段，史密斯&维森公司高层送给了亚力克西斯公爵一把带有精美雕刻的 3 号转轮枪，这把枪在当时的估价超过 400 美元。

.44 口径俄国子弹的研制成功也使得公司在 1907 年研制 .44 口径特种弹，以及在 1956 年研制 .44 口径马格南弹。.44 口径俄国子弹在美国也很流行，它以精准度高而著称，并赢得了很高的声誉。

第二代转轮枪

在第二次世界大战期间，美国工业已经做好准备，为即将奔赴前线的士兵制造所需的大量军事装备。柯尔特公司停止了 M1873 型的生产，并且到 1942 年公司的员工已经从 5000 人增长到 15000 人来生产标志性的 M1911A1 型 .45 口径手枪、BAR 自动步枪、步兵步枪、机枪和飞机武器。

但是在战争的最后几个月，美国政府开始担忧柯尔特公司履行合同的能力。由于机器的老化和磨损，再加上效率低下的

▼ 在整个生产历史中，柯尔特 M1873 型曾经两次停产又复产。这是一把现代版 M1873 型，它的枪管长度为 120 毫米。

制造工艺，柯尔特公司的产量不断下降。政府合同一直是柯尔特公司的命脉，尽管在朝鲜战争期间美国政府曾加大采购力度，但竞争一直很激烈。柯尔特公司努力维持着公司的正常运转，但在领导层中很多人都认为柯尔特公司的黄金时期已经过去了。

到 20 世纪 50 年代，电视机已经进入部分国家普通人的家中。在美国，西部题材的节目发展迅速，在电视屏幕上几乎每个警长或匪徒的臀部都挂着一支 M1873 型转轮枪。柯尔特公司的高层看到了商机，于是决定从仓库中拿出老式的生产工具开始生产 M1873 型转轮枪。这些转轮枪被称为第二代，而在外观上它们与第一代完全相同。

第二代柯尔特的出现也与柯尔特公司竞争对手的成功相关。1955 年，美国武器制造商鲁格尔公司推出了黑鹰单动转轮枪，这进一步激发柯尔特公司复产 M1873 型的想法。

早期的第二代 M1873 型转轮枪的框架都是镀镍或烤蓝处理表面硬化抛光。握把与最后一批第一代相同，都由两块硬橡胶制成，而击锤也被抛光。为了进一步利用很流行的西部节目，柯尔特公司也放弃原来的黑色相对普通的包装箱，而是采用了一种有精美图案的包装箱，上面的图案是在荒凉的西部街道上，一辆马车缓缓驶过的场景。如果柯尔特本人看到这种包装箱，他肯定也会欣赏这种出色的营销手段。

第二代 M1873 型的枪管与第一代相同，有 190 毫米、140 毫米和 102 毫米长度的型号。最早的第二代 M1873 型问世于 1956 年，口径为 11.43 毫米，后来公司又在 1958 年和 1960 年推出了 11.17 毫米和 8.9 毫米口径的型号。此外公司还推出了一种紧凑型即治安官型，它的产量只有 500 支左右，口径为 11.43 毫米，最大的特点是没有退弹杆和外罩，而且大部分的枪管长度只有 76 毫米。

随着西部电视节目以及怀亚特·厄普生涯与传说的流行，柯尔特公司 1957 年推出了新的 Buntline Special 型转轮枪。这也让我们再次想起作家爱德华·赞恩·卡罗尔·贾德森购买早期第一代 M1873 型的故事。它的口径为 11.43 毫米，枪管长度为 305 毫米，到 1975 年的产量为 4060 支。其中有 65 支的框架镀镍的，其余的都是抛光表面硬化钢。有的握把由橡胶制成，有

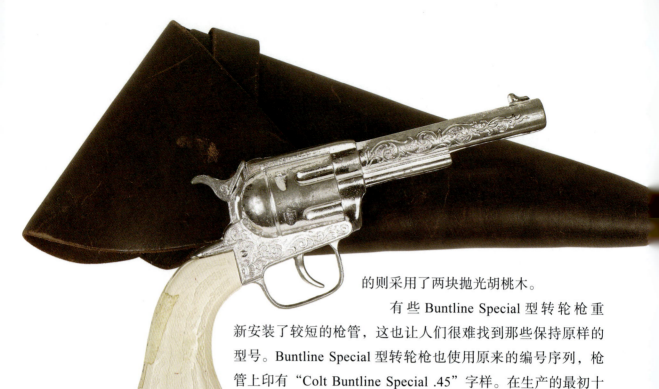

的则采用了两块抛光胡桃木。

有些 Buntline Special 型转轮枪重新安装了较短的枪管，这也让人们很难找到那些保持原样的型号。Buntline Special 型转轮枪也使用原来的编号序列，枪管上印有"Colt Buntline Special .45"字样。在生产的最初十年，Buntline Special 型的枪管下部还印有三位或四位数的组装号。

第一代和第二代 M1873 型的外观很相似，区别它们的方法是检查序列号，第二代的序列号会有后缀"SA"。1956—1974 年，柯尔特公司总共制造了大约 7.4 万支第二代 M1873 型转轮枪。

第二代 M1873 型转轮枪

时间	1956 年
口径	11.43 毫米
重量	1.05 千克
全长	279 毫米
枪管长度	139 毫米
装弹	六发转轮
射程	91 米

新 Frontier 转轮枪

1960 年，42 岁的约翰·肯尼迪当选为美国总统。当肯尼迪入主白宫的时候，他开始实施经济刺激计划、新边疆（New Frontier）政策，并回应竞选时提出的宣传口号。柯尔特市场营销人员抓住了机会，加大公众对第二代 M1873 型的关注程度。

1961 年，柯尔特公司推出了新 Frontier 转轮枪，将它作为 19 世纪末 Flattop Target 型转轮枪复兴。新 Frontier 转轮枪装有一个可调节准星，自从问世以来，它就被纳入了柯尔特的产品目录，后来又被移除了。但新 Frontier 转轮枪已经积累了大量忠实的粉丝。新 Frontier 转轮枪的生产从 1962 年一直持续

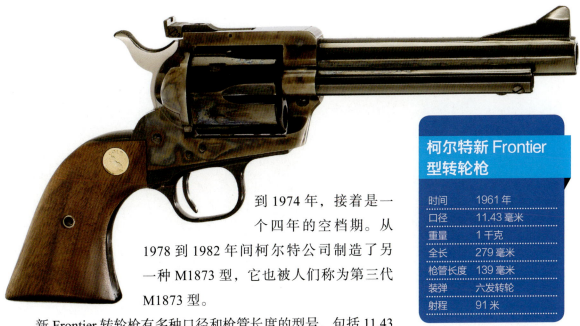

柯尔特新 Frontier 型转轮枪	
时间	1961 年
口径	11.43 毫米
重量	1 千克
全长	279 毫米
枪管长度	139 毫米
装弹	六发转轮
射程	91 米

到 1974 年，接着是一个四年的空档期。从 1978 到 1982 年间柯尔特公司制造了另一种 M1873 型，它也被人们称为第三代 M1873 型。

新 Frontier 转轮枪有多种口径和枪管长度的型号，包括 11.43 毫米、11.17 毫米、9.65 毫米和 9.1 毫米口径，以及 190 毫米、140 毫米和 120 毫米的枪管。除了可调节准星外，它还装有一个精美装饰的胡桃木握把，上面印有银色或金色的柯尔特的小马标志。新 Frontier 转轮枪的运转动作很流畅，这对很多爱好者来说射击是非常棒的体验。此外，新 Frontier 转轮枪的顶框也更坚固。

2011 年，柯尔特公司宣布复产新 Frontier 转轮枪，并将它重新纳入到柯尔特产品目录中。枪管印有 1836 年和 2011 年的日期，以及 "175th Anniversary"（175 周年纪念）字样。在市场上，最新一代新 Frontier 转轮枪能让人想起柯尔特公司在 1890—1989 年间生产的带有叶片式准星的 Flattop Target 型。新 Frontier 转轮枪的设计很符合人体工程学原理，它装有一个倾斜准星和可根据风阻调节的照门。

最新的 Frontier 转轮枪的枪管和转轮都经过烤蓝处理，而且框架也是彩色表面硬化。精美装饰和抛光的胡桃木握把上印有金色的柯尔特的小马标志。它的口径为 11.17 毫米或 11.43 毫米，并有各种总长度和枪管长度的搭配，包括 260 毫米和 120 毫米；279 毫米和 140 毫米；330 毫米和 190 毫米。新 Frontier 转轮枪的序列号都有 "NA" 后缀。

▲ 一名射击爱好者正准备扣动M1873型转轮枪的扳机射击目标。在今天的射击运动中，它仍然很受欢迎，它将精准、历史和传统融合在一起。

第二代M1873型的热销给柯尔特公司带来了丰厚的利润。它的销量从20世纪60年代开始后就进入稳定阶段，接着到70年代初期再次激增。在18年的生产时间里，第二代M1873型的产量超过3万支，其中有4200支是新Frontier型。

第三代和第四代M1873型转轮枪

从1974年到1976年，柯尔特公司再次暂停M1873型的生产。第一批1974年后的型号编号从80000SA开始，两年后编号就用到了99999SA。因此柯尔特公司引入了一个从SA0001开始的全新编号系统。第三代M1873型有两个显著的变化，一个是衬套转轮取代了第一代和第二代上的可移动部件，另一个是膛线螺距有细微的变化。早期的第三代M1873型的口径为11.43毫米，后来又增加了9.1毫米的型号。从1982年开始，柯尔特公司推出了.44-40温彻斯特口径的M1873型。到1983年中期，M1873 型再次停产，但爱好者仍然可以通过柯尔特定制商店订购到 M1873 型，包括 Buntline Special 型和新 Frontier 型。

20 世纪 90 年代初期，牛仔运动射击活动在美国的受欢迎程度达到了最高峰。这种特殊的射击运动包括三种枪的比赛，参赛者需要身穿西部时期的服饰，分别用手枪、步枪和霰弹枪射击。比赛所用的手枪必须是单动转轮枪。

为了回应牛仔运动射击活动的热潮，柯尔特公司在 1992 年再次生产 M1873 型。这些 M1873 型被称为第三代或第四代。工程师重新使用了第一代上的可拆卸转轮套，它们的编号带着前缀"S"和后缀"A"，生产一直持续到 2009 年，并有多种口径的型号，包括 11.43 毫米、11.17 毫米、9.65 毫米和 9.1 毫米口径。此外，这些 M1873 型都装有镀镍或烤蓝处理硬化框架。

1998 年，柯尔特公司为牛仔运动射击活动市场专门推出了柯尔特牛仔型。牛仔型只有 11.43 毫米口径的型号，枪管长度为 140 毫米，重量为 1.026 千克。此外，它还装有彩色硬化框架和一个精美的胡桃木握把。尽管它不是柯尔特最高端的产品，但它仍然很受欢迎，并且较低的价格也有一定的市场竞争力。

牛仔型保留了 19 世纪 M1873 型单动转轮枪的外观、手感和神秘感，这些都迎合了很多客户的心思。但事实上，它的结构还有一些细微之处，钢制握把不再是锻造而成，而是铸造而成，而且它还配有一个现代的保险装置，该装置能保证六发转轮满载时安全携带。此外，牛仔型和某些部件与现在的 M1873 型是可以互换的。

柯尔特牛仔型转轮枪

时间	1999 年
口径	11.43 毫米
重量	0.82 千克
全长	260 毫米
枪管长度	121 毫米
装弹	六发转轮
射程	54 米

▲ 在一次牛仔运动射击活动中，参赛者正在用 M1873 型射击目标。随着牛仔型越来越受欢迎，柯尔特公司也抓住机会增加其标志性的 M1873 型销量。

今天，最新的柯尔特 M1873 型有 11.43 毫米和 9.1 毫米两种口径型号，并装有镀镍或烤蓝硬质框架。枪管长度和总长度的搭配组合包括 120 毫米和 260 毫米、140 毫米和 279 毫米，以及 190 毫米和 330 毫米。它装有固定叶片式准星和 U 形槽照门，黑色聚合材料握把，以及熟悉的第二代样式的转轮衬套。在 21 世纪初，柯尔特公司还生产了一种枪管长度为 114 毫米的，使用 .44-40 温彻斯特弹的型号。

在今天，不管是第一代还是第二代 M1873 型都极具收藏价值。M1973 型是好莱坞西部电影的标配。为了满足制片人对 M1873 型的需求，洛杉矶的威廉姆·威尔逊在 1953 年成立了西部武器公司，专门生产 M1873 型的复制品。由于涉及很多著名的电影，这些复制品也有很高的收藏价值。

多年以来，很多武器公司都生产了 M1873 型的复制品或类似型号。1959 年，意大利人阿尔伯托·乌贝蒂成立了 A. Uberti S.R.L. 公司来制造美国西部历史上那些著名黑火药、子弹型号手枪的复制品。2011 年位于康涅狄格州哈特福德的美国武器公司也开始生产 M1873 型的复制品。

柯尔特 M1873 型与美国历史，尤其是狂野的西部时代紧密联系在一起。历史上很难再能找到第二种武器能够达到如此高的地位。140 多年过去了，M1873 型在很多国家的军队中服役过，并一

▼ 这是一把精美装饰的第二代 M1873 型。M1873 型在历史上有着极其重要的地位。

直深受公众的喜爱。柯尔特 M1873 型经过多次停产和复产，并不断被复制（有的未经许可），它一直以来都是一把最伟大的武器。

德林格大口径短管枪

柯尔特公司在 1870 年到 1812 年间一直在生产很流行的小型手枪和转轮枪，产品主要有三种型号，其中就包括德林格型，也被称作亨利·德林格型，亨利·德林格在 19 世纪是一名非常著名的小型手枪制作者。1870 年到 1890 年间，柯尔特公司制造了大约 6500 支柯尔特 1 号德林格型和 9000 支柯尔特 2 号德林格型，1 号德林格型单发手枪的口径为 10.4 毫米，枪管长度为 64 毫米，装弹时需要将枪管从顶部转开。它所有的部件都是钢制的，表面经过镀镍和镀银处理。

2 号德林格型的特点是装有一个带有花纹抛光的胡桃木握把，金属部件都经过镀镍和镀银处理。少数定制型号则采用坚固的银制框架。

柯尔特 3 号德林格型的生产时间是 1870 年到 1912 年，产量大约为 4.8 万支。它的口径是 10.4 毫米，装弹时枪管可以向下断开并转到右侧。3 号德林格型的特点是去掉了框架顶部的凸起支撑物。随着时间的推移，击锤的样式从短高型变成了微曲线型。从 1959 年开始，柯尔特公司还不时地推出 5.56 毫米口径的 3 号德林格型。

柯尔特 1 号德林格型手枪

时间	1870 年
口径	10.4 毫米
重量	0.23 千克
全长	123 毫米
枪管长度	63.5 毫米
装弹	单发
射程	5 米

柯尔特3号德林格型手枪

时间	1870年
口径	10.4毫米或5.56毫米
重量	0.23千克
全长	114毫米
枪管长度	63毫米
装弹	单发
射程	5米

后装式转轮枪

就在M1873型问世的同一时间，柯尔特还推出了豪斯型转轮枪。从1871年到1876年间，豪斯型的总产量为9952支，它使用10.4毫米口径边缘发火式长弹或短弹，它装有五发光滑转轮，枪管长度只有67毫米。除了豪斯型外，柯尔特公司还推出了四叶草型，人们之所以将它命名为四叶草，是因为从前面或后面看四发凹槽转轮，就能看到四叶草造型。四叶草型的枪管长度为38毫米或76毫米。它的总产量为7500支。

柯尔特四叶草型转轮枪

时间	1871年
口径	10.4毫米
重量	0.79千克
全长	178毫米
枪管长度	38毫米或76毫米
装弹	四发转轮
射程	23米

柯尔特豪斯型转轮枪

时间	1871年
口径	10.4 毫米
重量	0.85 千克
全长	171 毫米
枪管长度	67 毫米
装弹	五发转轮
射程	23 米

　　所有的豪斯型都装有类似 M1855 型侧锤那样的黄铜扳机护圈，而且主要部件都经过镀镍或烤蓝处理。握把由高品质的胡桃木或紫檀木制成。在四叶草型上可移动退弹杆被集成到中心销内，并且不用拆除弹巢就能使用；而在豪斯型中，由于退弹杆和中心销是组合结构，退弹时就需要拆除弹巢。豪斯型和四叶草型都是柯尔特公司生产的第一种后装转轮枪。

　　一般说来，豪斯型也称作吉姆·菲斯克型。吉姆·菲斯克被称为大吉姆和钻石吉姆。他是纽约一名非常成功的经纪人、铁路管理者，经常出入各种社交场合。

　　吉姆·菲斯克也被称为华尔街的巴鲁姆和伊利王子，他从来不会缺少绰号。他与强盗巴伦斯·丹尼尔·德鲁和杰伊·古尔德成立了菲斯克&贝尔登经纪公司，通过发行欺诈性的股票击败了另一名著名企业家科尼利厄斯·范德比尔特，获得了伊利铁路的控制权。菲斯克经常贿赂公职人员，他还挪用资金来满足自己奢华的生活方式，以及投入到像百老汇音乐剧这样的领域。

　　德鲁、古尔德和菲斯克还曾尝试垄断黄金市场，他们在1869年9月24日的黑色星期五中制造了市场恐慌，赚取了巨额资金，但对世界各国经济都产生了不良影响。菲斯克一直与名为乔西·曼斯菲尔德的女子有不正当关系。但是曼斯菲尔德后来爱上了菲斯克的合伙人詹姆斯·斯托克斯。曼斯菲尔德和斯托克斯勒索菲斯克的钱财，并扬言要公开他一直从事非法活动

柯尔特顶部敞开式口袋型转轮枪

时间	1871年
口径	5.56毫米
重量	1.0千克
全长	190毫米
枪管长度	60毫米或73毫米
装弹	七发转轮
射程	18米

的证据。

　　但是菲斯克拒绝付钱，而已经陷入财政危机的斯托克斯变得越来越绝望。1872年1月6日，斯托克斯在纽约中央大酒店碰到菲斯克，并用自己的豪斯转轮枪连射两枪。菲斯克的胳膊和腹部被击中，第二天早上菲斯克就死了。但是，他死之前告诉了警察斯托克斯就是凶手，并口述了遗嘱。经过三次审判后，斯托克斯被判为过失杀人，需要在纽约新新监狱服刑四年。尽管这场悲剧在外人看来与柯尔特转轮枪关系不大，但柯尔特认为这是一次营销机会，便进行了大力宣传。

　　1871年，柯尔特公司在新品发布会上推出了顶部敞开式口袋型转轮枪。与豪斯转轮枪相同，顶部敞开式转轮枪也使用后装式金属弹壳弹，它也能算是柯尔特最早制造的后装式口型转轮枪。顾名思义，顶部敞开式的特点是没有顶部框架，这在早期柯尔特设计中很常见。它使用七发转轮，能发射5.56毫米口径边缘发火式子弹。从1871年到1877年，两种枪管长度型号（60毫米或73毫米）的总产量超过11.4万支。

　　1872年，柯尔特公司推出了11.17毫米口径的顶部敞开式转轮枪。最初顶部敞开式经常被描述成M1871或M1872型，但后来更多人还是将它称为顶部敞开式。11.17毫米的大口径也受到了美国军方的关注，美国军队对顶部敞开式进行了一系列测试。尽管顶部敞开式并没有被美国军方采纳，但在后来的改进

柯尔特 New Line 型转轮枪

时间	1871 年
口径	9.65 毫米
重量	0.38 千克
枪管长度	51.2 毫米 或 102 毫米
装弹	五发转轮
射程	23 米

中增加了军方的两个建议，一是有更强击倒能力的更大口径，二是更牢固的框架结构。最终的结果就是具有传奇地位的"和事佬"M1873 型单动转轮枪。

1873 年，柯尔特公司还推出了 9.65 毫米口径 New Line 型转轮枪，与顶部敞开式转轮枪相同，它也是柯尔特公司最早一批后装式转轮枪中的一种。New Line 型转轮枪是一个统称，它包括 5.56 毫米、7.62 毫米、8.13 毫米、9.65 毫米和 10.4 毫米口径的型号。除了 5.56 毫米口径型号转轮容量为七发外，其他的型号都是五发。

New Line 型转轮枪的特点是精美的红木握把，以及镀镍或烤蓝硬化框架。为了扩大销量，公司还给不同口径的型号取了不同的名字，5.56 毫米口径是 Little Colt；7.62 毫米口径是 Pony Colt；8.13 毫米口径是 Ladies Colt；9.65 毫米口径是 Pet Colt；10.4 毫米口径是 Big Colt。在少数产品的枪管右侧，还专门刻有这些名字。

1882 年到 1886 年间，柯尔特公司还推出了 New Police 型转轮枪，这种转轮枪属于 New Line 系列，它也是 New Line 系列中唯一装有退弹杆的型号。大部分都是 9.65 毫米口径型号，此外也有少量的 8.13 毫米和 10.4 毫米口径型号。除了镀镍和烤蓝枪管外，大部分 New Police 型还装有硬橡胶握把。很多产品上都刻有警察镇压暴徒的场景。

1884 年后，New Line 型转轮枪面临着美国和欧洲制造商廉价产品的竞争。柯尔特不愿意在材料和制造标准上作出妥协，New Line 型的生产在 1886 年被迫停止。最终，New Line 型的总产量超过 10 万支，其中超过一半都是 5.56 毫米口径型号。

柯尔特双动转轮枪

1877 年，柯尔特公司凭借三种口径的 M1877 型转轮枪开始进入双动转轮枪领域，而这三种 M1877 型的生产周期甚至超过了 30 年。到 1909 年停产时，M1877 型的总产量超过 16.7 万支。早期的单动转轮枪在每次发射后都需要手动掰下击锤，而在双动转轮枪中省去了这一过程，使用者只需连续扣动扳机就能连续射出所有的子弹。

M1877 型有三种口径型号，每一种都有自己的名字。8.13 毫米口径型号称为 Rainmaker；9.65 毫米口径型号称为 Lightning；10.4 毫米口径型号称为 Thunderer。

M1877 型的设计者是威廉姆·梅森，他是柯尔特公司很有能力的一名设计师，曾参与了 M1873 型的设计工作。他带头研

柯尔特 M1877 型 Thunderer 转轮枪

时间	1877 年
口径	10.4 毫米
重量	1.05 千克
总长度	270 毫米
枪管长度	166 毫米
装弹	六发转轮
射程	91 米

▲ 威廉姆·邦尼,即著名的美国西部歹徒比利小子,他在多次犯罪活动中都拿着一把柯尔特 M1877 型 Lightning 转轮枪。1881 年他在新墨西哥州试图逃跑时被加勒特警长击毙。

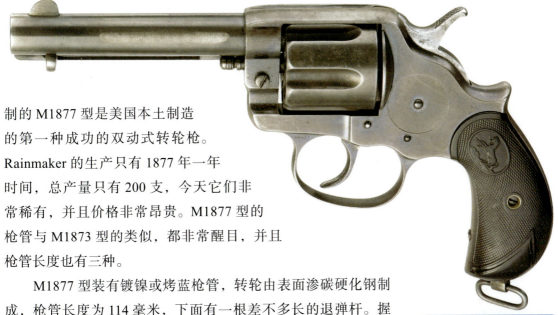

制的 M1877 型是美国本土制造的第一种成功的双动式转轮枪。Rainmaker 的生产只有 1877 年一年时间，总产量只有 200 支，今天它们非常稀有，并且价格非常昂贵。M1877 型的枪管与 M1873 型的类似，都非常醒目，并且枪管长度也有三种。

M1877 型装有镀镍或烤蓝枪管，转轮由表面渗碳硬化钢制成，枪管长度为 114 毫米，下面有一根差不多长的退弹杆。握把采用鸟头设计，有些早期型号的握把是由红木制成的，后来的型号则换成了硬橡胶，但印有柯尔特的小马标志。此外，扳机护圈或枪管左侧还印有口径数值。

本杰明·基特里奇是柯尔特公司在南卡罗来纳州的主要经销商之一，提及他的名字柯尔特公司就好像欠他钱一样。据说 M1873 型的"和事佬"这个外号正是基特里奇起的，此外他还命名过各种 New Line 型转轮枪，并给 M1877 型起了很多外号。

尽管 M1877 型有很多创新并且多年来的销量一直很强劲，但它有经常出现故障的坏名声。双动式机械装置经常出问题，有些熟悉问题的人经常嘲笑它为"修理工的最爱"。故障记录中最多的是击锤弹簧故障，这让这种双动转轮枪只能实现单动发射。

也许是外观与 M1873 型类似的原因，M1877 型在今天也是很多收藏家的最爱。另一个原因可能与美国西部著名的歹徒比利小子——威廉姆·邦尼有关。他经常带着一把 M1877 型 Lightning 转轮枪从事犯罪活动，1881 年他在新墨西哥州试图逃跑时被加勒特警长击毙。约翰·韦斯利·哈丁也是一名很出名的美国西部歹徒，他的最爱则是 M1877 型 Thunderer 转轮枪。

柯尔特 M1878 型 Frontier 转轮枪

时间	1878 年
口径	11.43 毫米
重量	1.16 千克
总长度	279 毫米
枪管长度	190 毫米
装弹	六发转轮
射程	91 米

此外，被誉为英国曼彻斯特"夏洛克·福尔摩斯"的著名侦探杰罗姆·卡米纳达也经常带着一把 M1877 型 Lightning 转轮枪。

由于对 M1877 型的稳定性不满意，柯尔特公司的威廉姆·梅森和其他柯尔特公司共同研制了一种更稳定的双动转轮枪——M1878 型。M1878 型也被称作 Frontier 型，它是柯尔特曾经制造的框架最大的转轮枪之一。到 1905 年停产时，M1878 型的总产量为 51210 支。

M1878 型装有硬橡胶或胡桃木握把，上面印有柯尔特小马标志，而且枪管左侧或扳机护圈都标有口径数值。薄的装弹门和弹巢在装弹时均不能外摆，但扳机护圈可以方便地拆卸下来。标准型号装有烤蓝枪管，但也有少量采用了镀镍工艺。

M1878 型有多种口径型号，包括 8.13 毫米、9.65 毫米、10.4 毫米和 11.43 毫米口径型号。更坚固的框架让它能射出比 M1877 型威力更大的子弹，而且它还与 M1877 型使用相同的枪管和退弹杆部件，此外两者的弹巢也很相似。M1878 型有多种枪管配置，从 76 毫米到 190 毫米，那些枪管长度短于 102 毫米的型号都没有安装退弹杆。

1890 年，墨西哥政府购买了 500 支 11.43 毫米口径枪管长度 190 毫米的 M1878 型。它装有硬橡胶握把，在阳光下能清楚地看到自由帽的图案以及字母"R"和"M"的标志。1898 年美西战争后，美国获得了菲律宾的控制权，但是菲律宾的治安一直很差，因此在 1902 年美国政府向柯尔特公司购买了 4600 支 M1878 型，装备给在菲律宾群岛上驻扎的警察部队。这种 M1878 型装有 152 毫米长的枪管，比较大的扳机护圈和强化的击锤簧，以及硬橡胶握把，它发射 11.43 毫米口径政府型弹药。

美国海军

1889 年，美国海军与柯尔特公司签订合同要求研制一种双动转轮枪，结果就是 M1889 型 Navy。M1889 型是柯尔特公司生产的第一种侧摆式转轮枪，转轮侧摆出来可以极大地提高装弹效率。第一批 5000 支的口径为 9.65 毫米，它装有胡桃木

握把，152 毫米长的枪管，烤蓝处理抛光。握把处除了印有序列号、检验员首字母和 1889 年日期外，还印有 U.S.N.（美国海军）的字样。

1896 年到 1900 年间，美国海军对 4637 支 M1889 型进行了升级改装，在上面加装了 M1895 型上的转轮闭气系统。未经改装的不到 400 支在今天收藏市场上的价格非常昂贵。

1894 年，M1889 型的产量大约为 3.1 万支。它使用 9.65 毫米或 10.4 毫米口径子弹，枪管长度可以是 76 毫米、114 毫米和 152 毫米。枪管上的标志包括哈特福德（柯尔特制造厂的地址）和 1884 年到 1888 年的专利日期，左侧还有口径数值。该枪转轮的特点是在后部有锁定槽，而且不像其他早期柯尔特型号，转轮是逆时针转动的。转轮和框架上的其他位置还印有组装号。

此外，M1889 型还有几种民用型号，它们都装有镀镍或烤蓝抛光枪管。

柯尔特 M1889 型 Navy 转轮枪

时间	1889 年
口径	9.65 毫米或 10.4 毫米
重量	0.95 千克
总长度	292 毫米
枪管长度	152 毫米
装弹	六发转轮
射程	54 米

新与旧

在 19 世纪末 20 世纪初，M1892 型在柯尔特系列中算是比较突出的一种。M1892 型是柯尔特第一种侧摆双动转轮枪，后来它也成为美国军队的标准武器。M1892 型参加过很多战斗，包括美西战争、菲律宾 - 美国战争、八国联军侵华以及后来的第一次世界大战。美国陆军在 1902 年决定装备 M1892 型，但对其提出了一些改进要求。M1892 型的转轮呈逆时针转动，使用者可以通过扳动框架左侧的锁定推杆以外摆而退壳和重新装弹，而且空弹壳也能更容易地被退弹杆顶出。后框架顶部装有缺口式照门和圆形准星。军用型号去掉了过多的装饰，全部采用烤

柯尔特 M1892 型转轮枪

时间	1892 年
口径	9.65 毫米
重量	0.94 千克
总长度	292 毫米
枪管长度	152 毫米
装弹	六发转轮
射程	91 米

蓝抛光；与此相反，民用型号则显得更高档。

从 1892 年到 1903 年，柯尔特公司为美国陆军和海军制造了很多满足军方要求的变体型号。基于美国陆军和海军转轮枪的标准命名法，到 1907 年柯尔特公司总共制造了 29.1 万支 M1892 型。通常来说，在 1892 年、1894 年、1895 年、1896 年、1901 年和 1903 年间的型号都有些细微的调整。有些细微的调整只能在仔细检查内部时才能发现。值得注意的调整是锁定机构，它引入了转轮的定位和击锤的锁定，加装了一个系索环用于系绳以防止丢失，并缩小了膛孔直径，这样能显著提高精准度。

新陆军和海军型号上的转轮仍然是逆时针转动，并且每种型号可以通过转轮上的短槽和两组止动槽来区别。相对较少型号在后部印有"Wells Fargo & Co."的标志和序列号，而组装号则印在转轮区域或框架上。柯尔特小马标志则印在防滑纹硬橡胶握把的椭圆内，有些陆军型号的椭圆内还印有日期。

在战斗中，9.65 毫米口径的 M1892 型显得缺乏"一枪撂倒"能力，并且很快第一个失败的报告就从菲律宾发来。作为救急，其他 11.43 毫米口径型号被匆匆忙忙运往战场。尽管 M1892 型在战场上的表现一般，但是它的服役生涯一直伴随着改装和改进，这也就意味着它远远没能发挥出自己的真正性能。

柯尔特 M1905 型 Marine Corps 转轮枪以圆润的握把框架而被人们熟知，事实上它只是 M1892 型的另一个版本。从 1905 年到 1909 年间，M1905 型的产量为 926 支，口径为 9.65 毫米，枪

管长度为152毫米。同样，它的转轮也是逆时针转动的，而且人们能从后部的"USMC"标志和独特的花纹胡桃木握把很容易地将它认出来。它的序列号从10001开始，到10926结束。

柯尔特 M1905 型 Marine Corps 转轮枪

时间	1905 年
口径	9.65 毫米
重量	0.94 千克
总长度	292 毫米
枪管长度	152 毫米
装弹	六发转轮
射程	91 米

罗斯福、狂野骑士和缅因号战列舰

1898年2月15日，美国缅因号战列舰在古巴哈瓦那的港口发生爆炸，这一事件让本来就处于紧张关系的美国和西班牙爆发了战争。随后美国进行了打捞和回收工作，其中一件打捞品是一把柯尔特M1892型转轮枪。当时西奥多·罗斯福正担任美国海军的助理秘书长，他得到了这把被打捞上来的转轮枪。

这位未来的美国总统后来开始指挥一支著名的骑兵部队，外号叫狂野骑士。据说，在1898年7月1日的圣胡安和水壶山进攻中，他在激励自己的士兵时挥舞的正是这把M1892型转轮枪。多年来，这把转轮枪一直陈列在罗斯福的家乡——纽约长岛的酋长山。这把转轮枪曾经在1963年被人偷走，但后来又被找到。

1990年4月，这把M1892型再次被偷走。但后来，一名普通人获得了这把枪，他认识到这把枪的重要意义后决定将其归还。

▲ 1942年经典电影《卡萨布兰卡》中的一个镜头，一名法国军官带领部下小心翼翼地通过一扇门，他手上拿的正是一支柯尔特 Pocket Positive 转轮枪。

第二章
20 世纪的转轮枪

1901 年，一组外来投资者获得了柯尔特公司的所有权，柯尔特家族对公司 65 年的统治宣告结束。但是继续凭借 M1873 型的高销量，以及美国政府合同所带来的丰厚利润，柯尔特公司在枪械市场上的地位仍然和以前一样强大。

柯尔特一直将重点放在执法市场。公司不断改进产品，并在 1907 年推出了 Police Positive 转轮枪，本质上它就是一把 19 世纪 80 年代问世的 8.13 毫米口径警用转轮枪的升级版。Police Positive 转轮枪是专门为美国地方、州和联邦执法部门人员研制的，它能发射 8.13 毫米和 9.65 毫米口径子弹。它使用六发转轮和 D 形框架，方便使用者携带。

柯尔特 Police Positive 转轮枪有一个显著的特点，即它装有内置击锤块保险装置，柯尔特工程师将它称为"主动锁"。这种保险装置能防止撞针撞击火帽，除非有人故意扣动扳机。进入 20 世纪以后，柯尔特公司与史密斯 & 维森公司的激烈竞争并没有减弱，柯尔特公司的市场营销人员会抓住任何可以利用的卖点。在 Police Positive 转轮枪上，转轮是顺时针转动的，而在竞争对手史密斯 & 维森公司的产品上，转轮是逆时针转动的。因此柯尔特公司在广告上打出这样的标语："All Cylinders Turn to the right"（这句话是一语双关，即所有的转轮都向右转动，或者所有的转轮都正确转动）。柯尔特的广告中还进一步宣称，向

柯尔特 Police Positive 转轮枪

时间	1907 年
口径	8.13 毫米或 9.65 毫米
重量	0.57 千克
全长	216 毫米
枪管长度	102 毫米
装弹	六发转轮
射程	46 米

右转动的转轮能让弹膛和枪管更好地对准，提高 Police Positive 转轮枪的精准度。

柯尔特 Police Positive 转轮枪得到了广泛的认可，并且在随后 40 多年里有两个主要的生产阶段。第一代的生产时间是 1907 年到 1927 年，它们的特点是硬橡胶握把搭配 64 毫米、102 毫米、127 毫米和 152 毫米长的枪管（64 毫米长的枪管只能搭配 8.13 毫米口径型号）。碳钢框架都是镀镍或烤蓝处理。

以今天的标准来看，8.13 毫米和 9.65 毫米口径子弹都缺乏实质性的击倒能力。1923 年开始出现了防滑纹胡桃木握把。第二代的生产时间是 1928 年到 1947 年，它们的特点是较重的框架顶部具有防滑纹结构（瞄准时减少眩光）。两个阶段型号的共同特点是都装有 V 形缺口式照门和椭圆叶片式准星。

1910 年到 1925 年间，柯尔特公司还推出了一款名为 Police Positive Target 的射击运动型号。它使用 5.56 毫米和 8.13 毫米口径子弹，特点是装有可调节式机械瞄具，胡桃木握把（1923 年后换成了硬橡胶材料），枪管长度为 152 毫米，重量只有 0.57 千克。1926 年到 1941 年间，柯尔特公司推出了 Police Positive Target 转轮枪的第二个系列，它使用了更重的框架，因此重量略有提高，大约为 0.68 千克。此外，它的框架也有镀镍和烤蓝两种处理工艺可选，不像以前的型号只能选择烤蓝工艺。

据说，柯尔特 Police Positive 转轮枪是 20 世纪 20 年代匪徒阿尔·卡彭最喜欢携带的一种武器。卡彭的那一把产于 1929 年，口径为 9.65 毫米，枪管长度为 102 毫米，上面装有胡桃木握把。2011 年，卡彭的柯尔特 Police Positive 转轮枪被拍出了 109080

柯尔特 Police Positive Target 转轮枪	
时间	1910年
口径	8.13毫米
重量	0.57千克
全长	266毫米
枪管长度	152毫米
装弹	六发转轮
射程	46米

美元的高价，伴随它的还有一封来自卡彭的哥哥拉尔夫的遗孀莫丽彻蒂的来信，在信上她声称这把枪的拥有者就是阿尔·卡彭，并且直到卡彭在1947年去世时他一直在使用这把枪。除了这封信外，这把转轮枪还伴随有一份1990年3月25日的马德琳宣誓书。

就在推出 Police Positive 转轮枪一年后，柯尔特公司又推出了 Police Positive Special 转轮枪。Police Positive Special 转轮枪也是为执法市场研制的，1908年到1995年它的总产量超过75万支，比柯尔特其他任何一种设计都要多。与前代相同，Police Positive Special 转轮枪也采用了D形框架和一个六发转轮。它的特点是框架更重，但制造更方便，而且转轮更长以容纳威力更大的子弹。

在20世纪的前几十年里，柯尔特公司主导了执法手枪市场。Police Positive Special 转轮枪凭借轻便，易于携带，以及较高的击倒能力，深受执法人员的喜爱。1908年到1927年是第一代生产阶段，该时期型号的特点是光滑的顶框和黑色的硬质握把。1928年到1946年是第二代生产阶段，该时期型号的特点是防滑纹顶框和光滑的胡桃木握把，后来又变成更精美的条纹胡桃木握把，扳机也是条纹样式，以实现更好的触感。此外，握把前部和扳机弧圈后部的距离有所增加，这给使用者的手指留出更多的空间。

柯尔特 Police Positive Special 转轮枪

时间	1908 年
口径	9.65 毫米
重量	0.65 千克
全长	305 毫米
枪管长度	152 毫米
装弹	六发转轮
射程	46 米

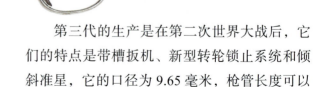

第三代的生产是在第二次世界大战后，它们的特点是带槽扳机、新型转轮锁止系统和倾斜准星，它的口径为 9.65 毫米，枪管长度可以是 102 毫米、127 毫米和 152 毫米。事实上，柯尔特公司在第二次世界大战后开始使用单字母框架命名法，而且 D 形框架就是其中最常用的一种。

第三代的生产从 1947 年持续到 1976 年，在 20 世纪 50 年代公司将握把底部截面从正方形改成圆形外观，在 1966 年随着其他 D 形框架柯尔特转轮枪开始采用短握把，公司决定将长握把框架换成短握把框架，工程师将长握把的底部层叠起来，并包住整个框架的边缘。

第四代型号的特点是枪管更短，这一点与铝合金 Viper 转轮枪相类似，而且枪管上印有"Police Positive"字样和口径数值。第五代的生产时间很短，从 1994 年到 1995 年只有几个月时间。它们的风格完全不同，但都装有一个硬橡胶握把和全尺寸枪管。

柯尔特 Viper 转轮枪是 1972 年以后 Police Positive Special 转轮枪的铝合金型号。它的生产从 1977 年一直持续到 1984 年，但产量却非常少，它装有烤蓝或镀镍饰面和防滑纹胡桃木握把，握把比同时期的 Cobra 和

柯尔特 Viper 转轮枪

时间	1977 年
口径	9.65 毫米
重量	0.57 千克
全长	254 毫米
枪管长度	102 毫米
装弹	六发转轮
射程	46 米

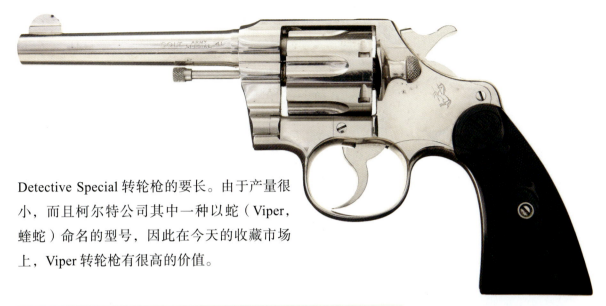

Detective Special 转轮枪的要长。由于产量很小，而且柯尔特公司其中一种以蛇（Viper，蝰蛇）命名的型号，因此在今天的收藏市场上，Viper 转轮枪有很高的价值。

军用型号

枪械市场总是在不断变化，随着美国军方逐渐将注意力转移到半自动手枪上，柯尔特公司将世纪之交的军用型号稍加修改推向民用和执法市场。1908 年，柯尔特公司率先推出 9.65 毫米口径的 Army Special，到 1927 年军方的关注继续向着半自动手枪转移，公司又推出了 Official Police 转轮枪。

与原来的军用型号相比，新 Army Special 转轮枪有一些变动，包括更吸引人的烤漆（原来是单调的军蓝色），能减少眩光的防滑纹顶框，更宽的照门，扳机和转轮锁上都增加了滚花。归功于这种 E 形框架，六发双动转轮枪可使用 8.13 毫米、9.64 毫米或 10.4 毫米口径子弹，它成为历史上最畅销的警用手枪之一。Official Police 转轮枪在几十年里一直是美国执法部门的标志性武器。

1908 年到 1969 年间，Army Special 和 Official Police 转轮枪的总产量超过 40 万支，后者甚至成为纽约、洛杉矶、芝加哥和波士顿等知名警察局的第一选择。美国联邦调查局、美国财政部和很多私人安保公司也都偏爱 Official Police 转轮枪。多年来，柯尔特公司推出了多种枪管长度的型号，包括 50 毫米、102 毫米、127 毫米和 152 毫米。

柯尔特 Army Special 转轮枪

时间	1908 年
口径	9.65 毫米
重量	1 千克
全长	305 毫米
枪管长度	152 毫米
装弹	六发转轮
射程	46 米

柯尔特 Official Police 转轮枪

时间	1927 年
口径	9.65 毫米
重量	1 千克
全长	318 毫米
枪管长度	152 毫米
装弹	六发转轮
射程	46 米

柯尔特 Official Police 转轮枪的握把底部截面都是方形的，除非在订单中指定圆形，而且烤漆是高度烤蓝或镀镍处理饰面。在 1947 年以前，握把都是由防滑纹胡桃木制成的，而且靠近扳机区域还有银色的柯尔特的小马标志。1947 年到 1954 年间，它使用塑料握把，1954 年以后再次变成了防滑纹胡桃木握把。

在 20 世纪 30 年代，柯尔特公司广泛宣传 Official Police 转轮枪能够发射 9.65~11.17 毫米的大口径子弹，而这些子弹原本是为史密斯 & 维森大框架转轮枪研制的。这样的宣传很成功，因为当时除了史密斯 & 维森公司制造的转轮枪外，其他转轮枪都不能使用这样的子弹。

第二次世界大战期间，美国和其他盟军军方继续采购 Official Police 转轮枪，而且从 1940 年 5 月到 1941 年 6 月，在美国对日本宣战之前，英国购买了大约 5 万支使用 9.65 毫米口径子弹的 Official Police 转轮枪。这些转轮枪都作为副武器，投入到英国和英联邦国家军队与纳粹德国的战斗中。这些转轮枪都带有英国检验标志，并且装有挂环和 127 毫米长的枪管。

当美国在 1941 年正式介入第二次世界大战后，美国政府的 Official Police 转轮枪订单急剧增加，使用它们的主要是保护敏感设施的安保人员，例如与国防相关的制造厂、造船厂、政府建筑和军事设施等。但是有很多人提出了反对意见，他们认为转轮枪的成本较高,并且怀疑柯尔特公司按时交付的能力。柯尔特公司对此的回应很有个性,就像以前曾经做过的,工程师对武器进行了简化,以降低成本并加快生产速度。扳机和击锤都不再是滚花防滑纹样式,而是变成简单的光滑样式,饰面这样的外观装饰全部省去以节省组装时间,取而代之的是简单的磷酸盐处理。此外,握把也换成了普通的格纹木,但上面仍然有柯尔特的小马标志。

在超过40年的生产时间里,各种型号的Official Police转轮枪一直很流行,并且有几种是专门为执法部门而研制的。第一种型号,也被称为柯尔特Pre-War转轮枪,它生产于1927年到1946年。它保留了最初的转轮锁止系统,它最明显的特点是半月形准星以及转轮释放钮、扳机和击锤上的方格图案。1947年到1969年,柯尔特公司还推出了5.56毫米和9.65毫米口径的Post-War转轮枪,它们使用了全新的转轮锁止系统,并装有一个带槽的击锤和倾斜的防滑纹状准星。

第二次世界大战期间,美国政府订购的简化版Official Police转轮枪也被称作柯尔特Commando转轮枪,框架左侧往往印有一个燃烧弹图案。特点是用磷酸盐处理的表面和塑料握把,并且光滑没有装饰的击锤、扳机和转轮,所有这些都能体现出政府对降低成本的关注。此外,防滑纹顶框也能减少瞄准时的眩光。第二次世界大战期间,Commando转轮枪的总产量接近4.9万支,其中1.28万支被交付给了战略情报局(美国中

柯尔特Commando 转轮枪

时间	1942年
口径	9.65毫米
重量	0.91千克
全长	254毫米
枪管长度	101毫米
装弹	六发转轮
射程	23米

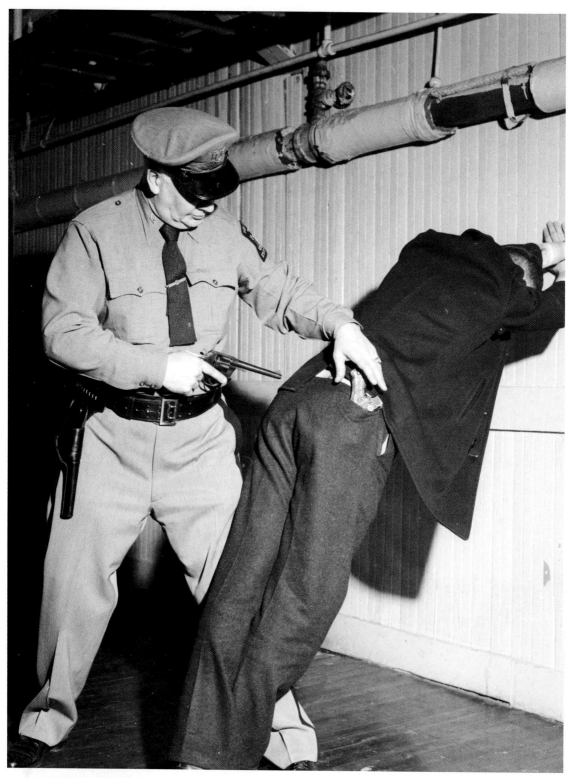

▲ 纽约警察正在抓捕嫌疑犯。警察手上是一把 Official Police 转轮枪，这种转轮枪在 1969 年正式停产。

央情报局的前身）等情报和军事部门。

很多柯尔特 Commando 转轮枪在租借法案下都被船运到美国盟友那里，此外美国海军也接收了大约 1800 支。1943 年 3 月，柯尔特公司开始生产 Junior Commando 转轮枪，它的特点是枪管长度只有 50 毫米。Junior Commando 转轮枪的产量只有大约 9000 支，但第二次世界大战后公司将数千支 102 毫米枪管长度的型号改装成 50 毫米枪管长度型号，在今天的收藏市场上，大部分都是这种改装的型号。

1954 年，柯尔特公司为美国边境巡逻队生产了 400 支 Official Police 转轮枪，它们的特点是重型 102 毫米长的枪管上都印有"Border Patrol"（边境巡逻）字样。1954 年到 1956 年，柯尔特还推出了 Marshall 转轮枪，从本质上讲它就是一把 Official Police 转轮枪配上一根 102 毫米长的重型枪管和一个圆形握把底部截面，它的产量很少，只有大约 2500 支。

柯尔特 Official Police 转轮枪的生产在 1969 年正式结束，公司随后推出了新一代的转轮枪，其中就包括 Official Police MK Ⅲ 型转轮枪。MK Ⅲ 型采用了 J 形框架和一种能有效防止转轮手枪跌落时意外走火的保险片结构。枪管和原来的型号完全相同。它装有一个新型较大的倾斜准星，但只能发射 9.65 毫米口径子弹。

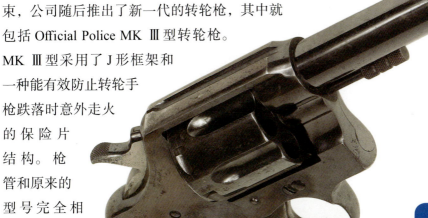

柯尔特 New Service 1909 转轮枪

时间	1909 年
口径	11.43 毫米
重量	1.16 千克
全长	275 毫米
枪管长度	140 毫米
装弹	六发转轮
射程	46 米

旧即是新

就在美国进入美西战争前夕，柯尔特公司推出了第一种大框架双动 New Service 转轮枪，它采用了外摆式结构以方便重新装弹。在接下来半个多世纪的时间里，这种 New Service 转轮枪的产量达到了 35.6 万支。这种转轮枪有多种口径型号，包括 9.65 毫米、11.43 毫米和 12.9 毫米，并在 1898 年到 1944 年间出现了很多变体型号。它的弹巢容量为六发，枪管长度为 50 毫米到 190 毫米，其中最常见的是枪管长度为 114 毫米、140 毫米和 190 毫米的型号。

这种 New Service 转轮枪的典型特点是大框架，枪管除了印有柯尔特的名字和生产地址（康涅狄格州的哈特福德）外，还有从 1884 年到 1926 年间的多个专利日期以及口径数值。在 1928 年以前，条纹硬橡胶握把印有柯尔特的标志，后来公司开始采用印有柯尔特徽章的条纹胡桃木握把。烤蓝处理饰面是标准配置，但镀镍处理的例子也很常见。

不管是民用市场还是军用市场，柯尔特 New Service 转轮枪都很受欢迎。它不仅在美国本土销量广泛，而且国外的军事组织也有很多订单。其中最大的客户是美国军事机构，美国陆军将它作为标准的副武器，并将其命名为 M1909 型。美国海军陆战队和美国海军也大量采购这种转轮枪。

▼ 柯尔特 New Service 转轮枪。

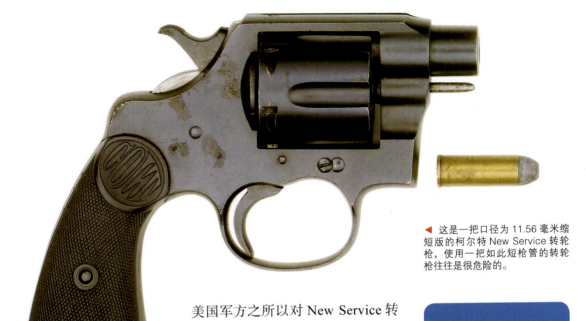

▶ 这是一把口径为 11.56 毫米缩短版的柯尔特 New Service 转轮枪，使用一把如此短枪管的转轮枪往往是很危险的。

美国军方之所以对 New Service 转轮枪感兴趣，部分原因是他们吸取了在 20 世纪初的菲律宾战场上的经验教训。当时美国士兵装备的是 9.65 毫米口径的柯尔特海军和陆军转轮枪，但是这两种转轮枪的击倒能力显然不够好。

为了对手枪击倒能力不足的问题作出快速回应，美国陆军绝对对早期的 M1873 型陆军转轮枪进行返修和改装，枪管长度从 140 毫米加长至 190 毫米，口径也扩大到 11.43 毫米。但这些改装转轮枪只能是作为一种用于过渡的权宜之计，美国军方仍然需要一种更好的大口径转轮枪。

伦纳德·伍德上将曾在菲律宾指挥美国步兵与菲律宾摩洛部落的战斗，他在 1904 年的年度报告中建议："我们的步兵应该装备 11.43 毫米口径的转轮枪，过去一年里已经出现过很多次这样的情况，即我们的士兵使用 9.65 毫米口径转轮枪连续击中对方士兵好几发子弹都无法将对方士兵击倒，不幸被冲上来的对方士兵杀死。而 11.43 毫米口径的转轮枪则可以很轻松地击倒对方士兵。"

柯尔特公司已经在生产 New Service 转轮枪并且对美国军方来说最简单的解决方案就是购买大框架 11.43 毫米口径的 New

柯尔特 New Service 转轮枪

时间	1927 年
口径	11.56 毫米
重量	0.6 千克
全长	146 毫米
枪管长度	25 毫米
装弹	六发转轮
射程	13.5 米

柯尔特New Service 1917 转轮枪

时间	1917 年
口径	11.43 毫米
重量	1.10 千克
全长	270 毫米
枪管长度	140 毫米
装弹	六发转轮
射程	46 米

Service 转轮枪，即 M1919 型。早期交付的产品采用了与民用型号想要的烤蓝饰面，后来才换成了军用的暗蓝色。军用型号都带有政府的印记和序列编号，每一支都会被提前确定好使用的部门。此外，它的后端还装有一个挂绳环。

随着第一次世界大战爆发，美国军方将注意力转向了半自动手枪，即后来在美国军队服役几十年的具有传奇意义的 M1911 型半自动手枪。但是当美国在 1917 年 4 月 6 日向德国和轴心国集团宣战时，美国高级军官希望每一名美国士兵都配备一把柯尔特最新式的手枪，而柯尔特公司的生产能力并不能满足如此高的需求。

为了满足数量的需求，柯尔特公司与史密斯＆维森公司都向政府提供了与 M1911 型使用相同 11.43 毫米口径子弹的大框架转轮枪。柯尔特与史密斯＆维森的转轮枪都被美国军方官方命名为 M1917 型。柯尔特公司的产品就是 New Service 1917 转轮枪，最初工程师在它上面加装了一个半月形夹子来保持无缘子弹停留在弹膛中，因为弹膛是钻孔的，如果没有夹子，子弹会滑得太远无法被击发。

这种夹子是一种创新，但对柯尔特公司来说是一个临时解决方案。每个夹子会夹住三发子弹，而且装弹通过将两个夹子放进弹膛来完成。当转轮弹膛用完时，使用者可以方便打开转轮并推动退弹杆，排出弹壳和夹子等。后来柯尔特转轮枪采用了弹膛头部缩颈定位来放置子弹，而史密斯＆维森转轮枪从一开始就采用这种方法。

标准的 M1917 型转轮枪采用 140 毫米长枪管，并根据军方要求采用暗色的烤蓝处理饰面。在后期生产的 M1917 型中，弹壳缩颈允许放置单发子弹，并将它固定到位。但是弹壳不能由退弹杆排出，因为退弹杆无法接触到无缘子弹的边缘。快速的解决方法是用一根细木棍或铅笔捅出，但这些在战场上都不够实用。

M1917型的使用者非常广泛，包括美国本土和海外的军官、作战部队、宪兵队、二线部队和后勤部队。尽管柯尔特公司在框架下面的枪管上印有公司序列号，但美国政府在后端还印有一个数字，并将这个数字作为官方序列号。对于今天的收藏家们来说，哪个数字是正确的一直存在一些争议。M1917型的生产时间是1917年到1919年，第一次世界大战结束后很多都被储存起来。在20世纪30年代美国发生了一系列邮政抢劫案，

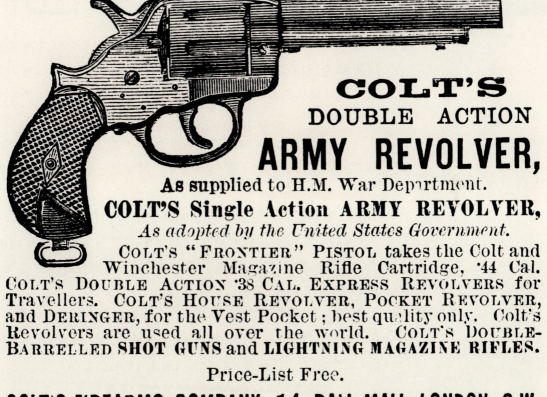

▼ 伦敦报纸上的柯尔特New Service转轮枪的广告。在1917年到1920年间，这种转轮枪的产量大约为30万支。

柯尔特军用 M 1917 型转轮枪

时间	1917年
口径	11.43毫米
重量	1.10千克
全长	270毫米
枪管长度	140毫米
装弹	六发转轮
射程	46米

因此很多储存起来的M1917型都被分配给邮政人员用来自卫。在第二次世界大战中，由于手枪等武器非常短缺，美国政府再次拿出M1917型，对它们进行翻新和改装后送往前线。

40多年后，即到了20世纪60年代，美国政府认为这些仓库中的M1917型已经没有多大价值，便决定对外公开出售。其中大部分被国家步枪协会成员通过该组织的民用枪支法律程序购买获得。

在生产过程中，M1917型还衍生出了很多种变体型号，有些数量非常稀少。除了军用型号外，柯尔特公司在第一次世界大战结束后利用多余的材料和零件生产了大约1000支民用版M1917型转轮枪。枪管印有当时最新的专利日期，即1905年7月4日，并且黑硬橡胶或条纹胡桃木握把上刻有柯尔特的标志。枪管长度可以是114毫米或140毫米，可以发射9.65毫米、11.17毫米和11.43毫米口径的子弹。

1932年，柯尔特公司生产了1000支限量版民用版M1917型转轮枪。枪管上印有当时最新的专利日期，即1926年10月5日，此外枪管上还印有"Colt Model 1917 Auto Ctge"字样。条纹胡桃木握把上印有柯尔特的标志。它只有11.43毫米口径型号，在今天有极高的收藏价值。

1900年到1940年，柯尔特公司还向运动射击市场推出了一种New Service运动射击版转轮枪，即New Service Target转轮

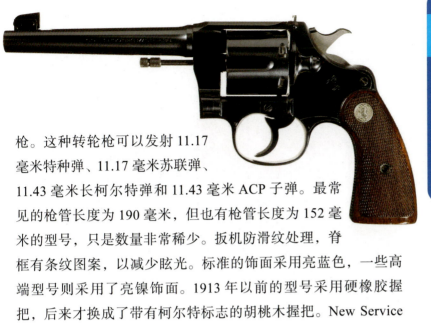

柯尔特射击大师转轮枪	
时间	1932 年
口径	9.65 毫米
重量	1.25 千克
全长	286 毫米
枪管长度	152 毫米
装弹	六发转轮
射程	46 米

枪。这种转轮枪可以发射 11.17 毫米特种弹、11.17 毫米苏联弹、11.43 毫米长柯尔特弹和 11.43 毫米 ACP 子弹。最常见的枪管长度为 190 毫米，但也有枪管长度为 152 毫米的型号，只是数量非常稀少。扳机防滑纹处理，脊框有条纹图案，以减少眩光。标准的饰面采用亮蓝色，一些高端型号则采用了亮镍饰面。1913 年以前的型号采用硬橡胶握把，后来才换成了带有柯尔特标志的胡桃木握把。New Service Target 转轮枪的显著特点是平坦的顶框和专业的可调节机械瞄具。最初它采用方形端部，但 1930 年以后变换成了圆形端部。

柯尔特射击大师转轮枪是 New Service Target 转轮枪的升级版，它的生产时间是 1932 年到 1940 年，特点是防滑纹扳机，可调节瞄具和平坦的顶框。射击大师转轮枪的枪管长度为 152 毫米，握把由条纹胡桃木制成，上面刻有银色的柯尔特标志。1933 年以后，端部由方形变成了圆形。射击大师转轮枪可以发射 9.65 毫米特种弹、9.07 毫米马格南子弹、11.43 毫米柯尔特 ACP 子弹。

柯尔特 Camp Perry Target 转轮枪与 New Service Target 转轮

柯尔特 Camp Perry 转轮枪	
时间	1926 年
口径	5.56 毫米
重量	0.98 千克
全长	298 毫米
枪管长度	203 毫米
装弹	单发转轮
射程	46 米

▶ 柯尔特 Camp Perry Target 转轮枪问世于 1926 年，是一种精准度极高的单发运动转轮枪，它使用 5.56 毫米口径长步枪子弹。

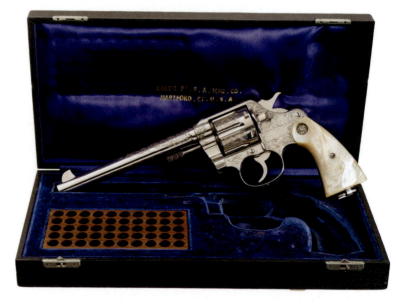

枪处于同一时代。它的生产年份为 1926 年到 1941 年，虽然时间不短但产量很少，只有 2525 支。第一批应该是在 1920 年的柯尔特工厂完成的，从序列号来判断数量为 100 支或更少，大概只是为了测试。

柯尔特 Camp Perry Target 转轮枪是以美国俄亥俄州佩里营（Camp Perry）的名字命名的，佩里营多年来一直是美国步枪、转轮枪和手枪的比赛举办地。Camp Perry Target 转轮枪是基于标准 New Service 转轮枪的框架而研制的。

柯尔特 Camp Perry Target 转轮枪的特点是弹巢安装在吊臂上，装弹时吊臂向下和向左转动。枪管长度为 203 毫米或 254 毫米，握把由条纹胡桃木制成，上面印有柯尔特标志。枪管上印有口径的数值和 "COLT's PT.F.A. MFG. CO./HARTFORD CT. U.S.A" 字样。转轮弹膛左侧还印有 "CAMP PERRY MODEL" 字样。

英国和加拿大政府在第一次世界大战期间也订购了大约 6 万支 New Service 转轮枪，而英国对 New Service 转轮枪的兴趣可以追溯到 20 世纪初的布尔战争。在第一次世界大战爆发前夕，英国政府决定将柯尔特 New Service 转轮枪作为原来韦伯利转轮枪的替代品，而且很多军官很早以前就购买柯尔特转轮枪为自己所用。

因此，当第一次世界大战爆发时柯尔特公司就自然而然地获得了大批量英国和加拿大政府的订单。这种 New Service 转轮枪使用英国的 11.46 毫米埃利子弹和 11.43 毫米长柯尔特子弹（加拿大军方的标准弹药）。它们有时也被称为英国皇家 New Service 转轮枪，它的枪管长度为 140 毫米，在抢购上印有"New Service .455 Eley"的字样。

加拿大执法部门在 1904 年下令订购柯尔特 New Service 转轮枪，首批 700 支订单在当年交付。在此之前的 20 年，加拿大执法部门一直在使用 12.09 毫米口径恩菲尔德 MK I 和 MK II 型转轮枪。这种加拿大版 New Service 转轮枪的特点是脊框上的符号，有些是"NWMP"或"RNWMP"或特殊的发行编号。1920 年以后，最常用的符号是"RCMP"。有些型号在挂绳环后面的端部还印有简写符号"MP"。

加拿大版 New Service 转轮枪装有条纹胡桃木握把，枪管长度为 140 毫米，总重量为 1.19 千克。它使用 11.46 毫米埃利子弹和 11.43 毫米长柯尔特子弹，在接下来半个世纪的时间里一直是加拿大骑警的标准武器，直到 1954 年退役。

柯尔特 New Service 455 埃利转轮枪

时间	1914 年
口径	11.56 毫米
重量	1.13 千克
全长	237 毫米
枪管长度	140 毫米
装弹	六发转轮
射程	46 米

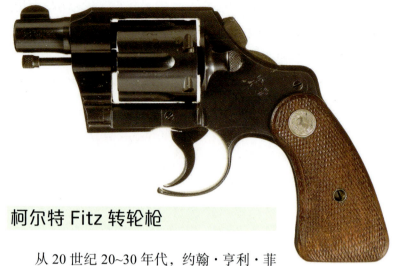

柯尔特 Fitz Special 转轮枪	
时间	1926 年
口径	9.65 毫米
重量	0.6 千克
全长	171 毫米
枪管长度	51 毫米
装弹	六发转轮
射程	23 米

柯尔特 Fitz 转轮枪

从 20 世纪 20~30 年代，约翰·亨利·菲茨杰拉德（简称为菲茨或 Fitz）一直是柯尔特公司的杰出推销员和设计师。此前，菲茨杰拉德曾在纽约警察局工作，但很快就辞职了，随后他与柯尔特一起开创了自己的第二职业，他们的合作从 1918 年一直持续到 1944 年（菲茨杰拉德，享年 74 岁）。在那段时期，菲茨杰拉德不仅是一名成功的射击比赛运动员和作家，而且还是一名隐藏携带式手枪的设计师。

1930 年，菲茨杰拉德的著作《射击》由康涅狄格州的哈特福德图书公司出版，它是一本关于手枪使用和一般射击技巧的非常好的入门书。与此同时，他花费了十年时间测试柯尔特武器，从试验型号到量产型号，射击了超过 600 万发子弹。他还代表柯尔特公司每年旅行 3000 多 km 穿过美国各个州，发表演讲并向执法部门介绍柯尔特手枪。他还经常参与重要的刑事审判，要求对手枪的弹道和其他需要注意的问题进行测试。

1926 年，菲茨杰拉德开始对市场上流行的 New Service 和 Police Positive 转轮枪感兴趣。当时 Detective Special 转轮枪正处于研发中，他率先对 Police Positive 转轮枪进行修改，并按照自己的隐藏携带式手枪的技术要求对 New Service 重新设计。结果就是 Fitz Special 转轮枪，但其实际生产数量没有记录。

从 20 世纪 30 年代开始，Fitz Special 转轮枪和同时期的

Detective Special 转轮枪就一直是现实执法人员和好莱坞电影演员手中的标志性武器。侦探和枪械杂志,以及廉价小说的封面上都是它们的身影,翘鼻子就是它们最明显的特点。

对于 Fitz Special 转轮枪,菲茨杰拉德要求将枪管缩短至 50 毫米。此外,他还使用了新型准星,将击锤顶部的倒钩去掉,将扳机护圈的前 1/3 删去,并缩短了握把。尽管击锤上的倒钩被删除,但使用者仍然能利用顶部的防滑滚花来手动翘起击锤。握把由硬橡胶制成,上面刻有柯尔特的标志,有些高档型号则采用了胡桃木握把。整体外观采用烤蓝或镀镍处理。

Fitz Special 转轮枪的短枪管让使用者更容易地从口袋或皮套中取出,而且去掉倒钩的缩短击锤能降低勾住衣物的可能性。开放式扳机护圈能让手指更舒适,允许更快速地射击。但是这种设计有一个明显的缺点,由于扳机是开放式的,因此更容易意外走火。

菲茨杰拉德常在自己裤子口袋里装着两把 Fitz Special 转轮枪,必要时能向朋友或一些重要客人展示。这些人包括职业军人查尔斯·阿斯金斯上将、雷克斯·阿普尔盖特上将,演员威廉姆·鲍威尔和航空专家查尔斯·林德伯格。

据报道,阿斯金斯上将曾说:"我曾经用过的最好的防御手枪是一把 11.43 毫米口径柯尔特 New Service 转轮枪。它的枪管长度为 50 毫米,击锤被缩短,扳机护圈是开放式的,握把也被缩短。它就是为隐藏携带而生的!"通过他所说的特点,我们能断定那就是一把 Fitz Special 转轮枪。

据估计,位于康涅狄格州哈特福德的柯尔特工厂总共生产 30 到 200 支 Fitz Special 转轮枪。它们最鲜明的特点是缩短击锤上的滚花纹和扳机护圈左后方的"VP"三角形标志。扳机护圈左侧前部的标志,随着护圈前部的删除也被省去,而这正是柯尔特定制商店的"质检"标志。所有真正的 Fitz Special 转轮枪都是第二次世界大战前制造的,而之后生产的型号都没有"VP"标志。

在今天,有些 Fitz Special 转轮枪是翻新的,而不是最初的型号。这些有些是为那些手枪爱好者准备的，让他们能够用较低的价格看到那些最经典的型号。但是对于收藏家来说必须提防这些翻新品。对于任何有收藏价值的武器，起源会增加它的价值，尤其是它曾经属于一位名人时。起源也会帮助鉴定手枪的真假。

纯正的 Fitz Special 转轮枪的售价，根据保存条件可以超过1万美元。在 Fitz Special 转轮枪真实性的问题上，最好是直接咨询柯尔特公司。对于那些想要购买 Fitz Special 转轮枪的收藏家来说，最好是直接联系柯尔特公司，获得档案信件和制造证明。但是，在过去档案信件也是能伪造的，因此直接与柯尔特公司联系能将风险降至最小。

柯尔特 Detective 转轮枪的时代

柯尔特 Detective Special 转轮枪又被人称为"塌鼻子"转

柯尔特 Detective Special 转轮枪

时间	1927 年
口径	9.65 毫米
重量	0.6 千克
全长	171 毫米
枪管长度	51 毫米
装弹	六发转轮
射程	23 米

轮枪，它是一种体积小但威力大的执法手枪。对于在20世纪50~60年代成长起来的数百万人来说，高大警察双手紧握Detective转轮枪的场景深深印在他们脑中。那时，1927年问世的Detective转轮枪本身也已经算是一名老兵了。

柯尔特Police Positive Special转轮枪获得了非常大的成功，它问世于1907年，并一直持续到1995年，这种精简版的转轮枪建立了执法手枪的新标准。最初的Police Positive Special转轮枪有几种不同长度枪管的型号，其中最短的是102毫米。Detective Special转轮枪本质是将Police Positive Special转轮枪的枪管缩短了50毫米。Detective Special转轮枪的新枪管和轮

▼ 电影《源代码》的剧照，主演杰克·吉伦哈尔正在用柯尔特Detective Special转轮枪射击。这种"塌鼻子"转轮枪已经成为执法手枪的典范。

廓让它看起来更加威猛。

50多年来，柯尔特公司垄断了这个市场。在有些国家，不管是强盗杀手，还是卧底侦探或保镖警察，他们的腰间皮套或口袋里往往都装着一把 Detective Special 转轮枪。

柯尔特 Detective Special 转轮枪的生产时间从 1927 年一直持续到 1995 年，在这期间又分成几个阶段。第一阶段型号的退弹杆比 Police Positive 转轮枪上的略短，这让它有一个凸边尖端。1933 年以前，握把框架的底端都是方形的，在那以后就换成了圆形，以便于隐藏携带。第一阶段型号的生产一直持续到 1946 年，它的框架更窄，而且框架顶框和扳机护圈后部的间隙更短。此外，它采用了条纹木质握把和带倒钩击锤，重叠螺栓和锁止销则位于框架右侧。

尽管方形端部在 1933 年以后就不再使用，但第二次世界大战时期仍然柯尔特仍然为美国政府生产了一批方形端部的 Detective Special 转轮枪。有些专家认为，这些转轮枪实际上是装有短枪管的 Police Positive 转轮枪，当时是为了战时加速交货而完成的。

这些年来，Detective Special 转轮枪的饰面最初采用烤蓝或镀镍处理，后来也有磨砂和不锈钢处理出现。它最常用的子弹是 8.13 毫米和 9.65 毫米口径的子弹。

第二阶段 Detective Special 转轮枪

第二次世界大战结束后，第二阶段 Detective Special 转轮枪开始问世，并逐渐取代第一阶段型号的生产。不同阶段型号间的区别往往非常细微，当需要确定一把手枪的具体分类时，最好是看一下生产序列号。最显著的变化是，早期阶段型号采用重叠螺栓和锁止销，后期阶段则换成了安装在螺母下的弹簧和柱塞装置。准星由最初的半月形变成了防滑纹后缘的斜坡样式。随后，准星越来越宽，后照门的凹槽也越来越宽。

第二阶段 Detective Special 转轮枪的生产从 1947 年一直持续到 1965 年，在这段时间柯尔特公司开始在不同尺寸框架

柯尔特 Detective Special 转轮枪（第二阶段）

时间	1947 年
口径	9.65 毫米
重量	0.6 千克
全长	171 毫米
枪管长度	51 毫米
装弹	六发转轮
射程	23 米

上采用不同的字母。最小的框架被指定为 D 形框架，在字母命名框架出现前，Detective Special 转轮枪的框架被命名为 Police Positive Special 框架。第二阶段 Detective Special 转轮枪有很多特点，包括外露带有凹槽的长退弹杆，光滑的转轮锁止销、凹槽扳机，而且击锤的形状也有所变化。它的握把采用了精美的条纹胡桃木，上面有银色的柯尔特标志，后来换成了金色柯尔特标志。

柯尔特 Detective Special 转轮枪（第三阶段）

时间	1973 年
口径	9.65 毫米
重量	0.6 千克
全长	171 毫米
枪管长度	51 毫米
装弹	六发转轮
射程	23 米

柯尔特 SF VI 转轮枪

时间	1995 年
口径	9.65 毫米
重量	0.6 千克
全长	171 毫米
枪管长度	51 毫米
装弹	六发转轮
射程	23 米

第二阶段 Detective Special 转轮枪还有枪管长度为 76 毫米的型号，使用者可以选择配备一个击锤护套，它用作安全装置，能防止击锤被宽松的衣服钩住。第三阶段 Detective Special 转轮枪问世于 1966 年，它的框架比 Cobra 和 Agent 等"塌鼻子"转轮枪更短，但是由于握把长度较长（延伸到 D 形框架边缘以下），整体尺寸仍然保持不变。有些人将这个变化归类为第三阶段的开始，而其他人则坚持认为这只是在第二阶段生产过程中众多变化中的一个。不管怎样，随着第三阶段和第四阶段的问世，设计在 1973 年的确出现了重大的变化。

第四阶段柯尔特 Detective Special 转轮枪采用了一种全新的设计，尽管问世于 50 多年前，但它仍然算是一种非常先进的设计。它的新型重型枪管与包含有退弹杆和准星的护套融为一体，扳机不再是防滑纹状而变成了光滑的。早期型号上的窄握把变成了更宽的握把，握把包裹着框架底部和前端。第四阶段的生产时间从 1973 年到 1986 年，那是 59 年来 Detective Special 转轮枪第一次停产。

第四阶段的其他重大变化是采用了 +P 弹药，这种弹药比原

来威力更强,子弹的膛口初速更高,进而产生更大的击倒能力。根据柯尔特公司的数据,单支第四阶段最多能发射3000发子弹,随后需要由柯尔特公司对框架进行检查。

由于有足够的剩余部件来实现小规模生产,1993年柯尔特公司恢复了Detective Special转轮枪的生产。这些转轮枪受到了爱好者的热烈响应,为此公司决定再生产一批,这些就是第五阶段,其生产一直持续到1995年。第五阶段的型号与1973—1986年间生产的型号的区别只是握把方面,第五阶段的握把由合成橡胶制成,而先前的型号则是采用了经典的条纹胡桃木。

在柯尔特Detective Special转轮枪停产10年后,柯尔特公司利用仓库中许多剩余的零部件推出了SF VI转轮枪,它与同时代的King Cobra转轮枪很相似,只是尺寸略小,它没有采用问世于1969年的新型击锤簧,而是仍然保留了D形框架上的老式击锤簧。它的口径为9.65毫米,枪管长度为50毫米,总长度为102毫米。为了避免型号间的混淆,柯尔特等待着经销商清理掉货架上的Detective Special转轮枪后,官方才命

柯尔特 Magnum Carry 转轮枪

时间	1999年
口径	9.07毫米马格南
重量	0.6千克
全长	171毫米
枪管长度	51毫米
装弹	六发转轮
射程	23米

▲ 柯尔特 Detective Special 转轮枪,以及枪管锁和钥匙。最初的 Detective Special 转轮枪问世于 20 世纪 20 年代,后来在 80 多年的时间里它催生出了许多变体型号。

名它为 Detective Special Ⅱ型。但现在人们仍然普遍将它称为 SF-Ⅵ转轮枪,SF 是"Frame-Six"的缩写,意思是小框架六发转轮枪。

Magnum Carry 转轮枪是柯尔特公司最后一种双动转轮枪,它问世于 1999 年。事实上,Magnum Carry 转轮枪采用了 SF-Ⅵ框架,算是 SF-Ⅵ转轮枪的一种衍生型号。它是以 9.07 毫米马格南子弹,是公司第一种使用这种大威力子弹的小框架转轮枪。由于财政困难,Magnum Carry 转轮枪只持续了一年时间。它采用了优质橡胶握把,顶框也略有加厚以增加强度,承受住 9.07 毫米马格南子弹的强大威力。在今天,这种转轮枪有非常大的收藏价值。

劳资纠纷、原材料供应和生产成本对 Detective Special 转轮枪几种衍生型号产生了不同的影响。其中最出名的一种是 Commando Special 转轮枪,它问世于 20 世纪 80 年代,当时柯尔特员工正处于长期罢工中。当时,柯尔特公司缺少抛光处理的员工,于是他们采用了最简单的方式,即采用最简单的蓝黑抛光。

这种蓝黑色光泽的 Detective Special 转轮枪最终成为 Commando Special 转轮枪,并于 1984—1986 年间开始出现在市场上。它的特点是橡胶握把中间印有一个柯尔特标志徽章。这些转轮枪数量很有限，劳资纠纷结束后就停产了。

从 1994 年到 1995 年，在 Detective Special 转轮枪生产的末期，柯尔特公司推出了压轴的 Bobbed Detective Special 转轮枪。这种限量版转轮枪的击锤倒钩被删去，这让它只能进行双动射击。它采用了黑硬橡胶握把，握把中印有柯尔特的标志，饰面要么是镀铬，要么是烤蓝处理。

柯尔特 Detective Special 转轮枪的早期衍生型号也被称为 Banker's Special 转轮枪，生产始于 1928 年，一直持续到第二次世界大战中期。Banker's Special 转轮枪最初使用 9.65 毫米口径子弹，后来有的型号也使用 5.56 毫米口径子弹。携带它们的主要是那些邮政、铁路和银行雇员，以及那些保护贵重物品和现金的保安。它重量轻，容易携带，对那些需要自卫的人来说非常方便。

在长时间的生产过程中，很多国家的执法部门都使用柯尔特 Detective Special 转轮枪，包括美国、日本、法国和缅甸。停产后，柯尔特公司还在不断提供各种零部件和维护服务。

罪犯歹徒的转轮枪

1934 年 8 月，得克萨斯游骑兵队的弗兰克·哈内尔的便条上这样写道："戴维斯，抓住这个。邦尼正蹲在上面。弗兰克书。"这是哈内尔写给巴斯特·戴维斯的，戴维斯曾经是一名得克萨斯游骑兵队士兵，当时正在为美国联邦调查局（FBI）工作。

这个便条写在得克萨斯游骑兵队的账本上，提及的事情是在匪徒邦尼·帕克的尸体旁发现了一把 9.65 毫米口径柯尔特 Detective Special 转轮枪。那是在 1934 年 5 月 23 日的路易斯安那州的一条乡村公路上，邦尼和她的情人克莱德·巴罗被人发现，在随后的交火中两人都被击毙。人们在邦尼红裙子下面发现了这把 Detective Special 转轮枪，当时它被胶带绑在大腿侧。而在 1930 年，邦尼也做过同样的事，当时她帮助克莱德越狱。

哈内尔被允许保留邦尼的物品，其中就包括这把 Detective

Special 转轮枪。随后 80 年的时间里，这把转轮枪又被几次易主。

这把柯尔特转轮枪的枪管长度为 50 毫米，采用胡桃木握把，握把上是柯尔特的标志。正如人们所预期的那样，它的序列号被磨掉，因此无法追查来源。这把枪上有一个 1926 年的专利日期，据说邦尼的母亲艾玛·帕克写信给哈内尔要求归还她女儿的财务，当然哈内尔并没有答应。

2012 年 9 月，邦尼的 Detective Special 转轮枪和克莱德的 M1911 型半自动手枪出现在了新罕布什尔州的拍卖会上。这对手枪最终的拍卖价格为 504000 美元，Detective Special 转轮枪的价格为 264000 美元，这远远超过了先前的估价。

Cobra 转轮枪

第二次世界大战的爆发加速了很多新材料的应用，这些材料在战前的市场上很少见，尤其是枪械市场。其中一只就是铝合金材料，展示飞机和其他军事装备的主要材料。随着第二次世界大战结束，柯尔特公司成为世界上最先在手枪框架部件上采用铝合金材料的公司之一。铝合金不仅轻便而且寿命很高，很适合在手枪上应用。

柯尔特公司第一支铝合金框架手枪是柯尔特 Commander 半自动手枪（指挥官手枪），它问世于 1949 年。第二支就是一把转轮手枪，本质上它就是一支采用铝合金框架 Detective Special 转轮枪，它被人称为"Coltalloy"，尽管与之前的 Detective Special 转轮枪基本相同，由于采用了新材料，因此就需要一个新名字，最终 Cobra 转轮枪（眼镜蛇转轮枪）应运而生。它是柯尔特公司第一支以蛇的名字命名的手枪，它也开创了一个长时间以蛇命名转轮枪系列的时代。

柯尔特 Cobra 转轮枪的生产持续了 31 年，从 1950 年一直持续到 1981 年，它的重量比标准的 Detective Special 转轮枪轻了 170 克。它仍然采用 50 毫米长的枪管，后来少量型号使用了 76 毫米或 102 毫米长度的枪管，此外暴露的退弹杆和独特的握

▲ 20世纪30年代美国的中西部和南部,邦尼·帕克和她的情人克莱德·巴罗掀起了一阵犯罪浪潮。图中,她拿着一把柯尔特转轮枪在一辆汽车前摆拍。

把都是容易识别的特点。与主框架相同，转轮吊架和侧板都由铝合金材料制成，剩余的部件仍然是钢制的。

最早的 Cobra 转轮枪采用塑料握把，上面有银色柯尔特标志。后来，握把换成了普通木质材料，接着是条纹胡桃木，上面仍然保留银色柯尔特标志。最后是没有任何装饰的战斗风格木质握把。铝制部件都采用烤蓝阳极化处理，钢制部件都是亮蓝色，或者整体采用铝镀镍处理。有些早期型号使用 102 毫米长的枪管，以及方形端部，但后来端部换成了圆形。与 Detective Special 转轮枪相似，Cobra 转轮枪也能使用 9.65 毫米、8.13 毫米和 5.56 毫米子弹，其中 9.65 毫米口径型号的销量最大。

委内瑞拉政府定制了少量 Cobra 转轮枪，这种转轮枪采用了 127 毫米长的枪管和方形端部。与其他 D 形框架转轮枪相同，顾客也能定制带有击锤套的 Cobra 转轮枪。击锤套包裹着击锤外露的端部，让使用者可以快速拔出，进行射击。

与很多其他柯尔特手枪相同，Cobra 转轮枪也有几个生产阶段。第一阶段从 1950 年开始，一直持续到 1972 年，最早型号

柯尔特 Cobra 转轮枪

时间	1950 年
口径	5.56 毫米
重量	0.45 千克
全长	197 毫米
枪管长度	76 毫米
装弹	六发转轮
射程	23 米

的特点是方形端部和对应的序列号。1966年作为改善生产力的一种举措，工程师将熟悉的长握把框架改成了较短的风格。后来，木质框架延伸到框架底部以提供更好的抓握感。

第二阶段 Cobra 转轮枪

第二阶段 Cobra 转轮枪的生产从1973年一直持续到1981年，它的特点包括战斗风格长胡桃木握把，长而倾斜的准星和一个更重的枪管，其中握把向前延伸包围住框架的底部和前部，枪管与包着退弹杆的小桶融为一体。在20世纪70年代的劳资纠纷期间，柯尔特公司的生产能力急剧下降，生产的 Cobra 转轮枪只有简单的黑色抛光和光滑无装饰握把。

第二阶段 Cobra 转轮枪也能使用大威力 +P 子弹，而且柯尔特公司建议每支枪射击1000发 +P 子弹后，就需要返厂检查。但是随着大威力子弹越来越受欢迎，轻型 Cobra 转轮枪也在逐渐走向消亡。随着顾客在市场上寻找能够发射大威力子弹的手枪，柯尔特公司管理层认识到 Cobra 转轮枪在市场上会越来越困难，并在随着销量迅速下滑，公司最终决定停产。

在朝鲜战争期间（1950—1953年），美国空军向柯尔特、史密斯&维森公司寻求一种铝合金框架轻型转轮枪。柯尔特提供一种定制的 Cobra 转轮枪，并将它们命名为 Aircrewman Special 转轮枪，握把上的柯尔特标志也换成了金色的美国空军徽章标志。

柯尔特 Aircrewman Special 转轮枪的枪管长度为50毫米，最初它似乎很适合空军的自卫任务，但在后来的行动中它并没有达到人们的预期，并很快在20世纪60年代被空军退役。史密斯&维森公司的竞争品 M13 转轮枪则经常出现机械故障。Aircrewman Special 转轮枪常见的问题源自转轮或框架故障，原因是发射时在枪管内会产生高压。后来，工程师研发了一种低压9.65毫米口径子弹，但并没能彻底解决问题。

其他以 Cobra 转轮枪为基础的转轮枪还包括 Courier 转轮枪、Agent 转轮枪和 Viper 转轮枪。Courier 转轮枪的生产时间

▲ 1990年电影《苦难》中的女演员凯西·贝茨正拿着一把"塌鼻子"柯尔特D形框架转轮枪。

是1954年到1956年，产量大约为3000支，它能发射多种类型的子弹，包括9.65毫米、8.13毫米和5.56毫米口径。Agent转轮枪的生产时间是20世纪50年代到1979年，以及1984年到1986年，它是一种廉价版的Cobra转轮枪。它的握把比Cobra转轮枪的更短，因此重量减轻了397克，它的枪管长度为50毫米，只能发射9.65毫米口径的子弹。1973年，工程师给它加装了一个退弹杆护套，这让它的重量增加了近450克。

柯尔特Viper转轮枪问世于1977年，它的枪管长度为102

毫米，口径为 9.65 毫米。由于销量不佳，它的生产持续了一年时间，而且产量很少。到今天，状态良好的 Viper 转轮枪受到很多收藏家的追捧。

刺杀肯尼迪

历史上有一把很出名的 Cobra 转轮枪，不过伴随它的确是一个悲剧故事。1963 年 11 月 22 日，前海军陆战队员和美籍古巴人李·奥斯瓦尔德在得克萨斯州的达拉斯学校图书馆六楼窗户用一把步枪刺杀了美国总统约翰·肯尼迪，并打伤得克萨斯州州长约翰·康纳利。当天，奥斯瓦尔德还谋杀了达拉斯一名警察蒂皮特。

当天下午，奥斯瓦尔德在得克萨斯大剧院被捕，两天后在 1963 年 11 月 24 日，他被转移到警察总部。当他在看守的保护下穿过停车场时，杰克·鲁比突然从记者和摄影师的人群中冲

▼ 杰克·鲁比用来刺杀奥斯瓦尔德的那把 Cobra 转轮枪，这是柯尔特公司曾经制造过的最有名的转轮枪，它在十年后的一次拍卖会上拍出了六位数的价格。

▶ 报纸头条出版的杰克·鲁比用柯尔特 Cobra 转轮枪刺杀奥斯瓦尔德的场景。

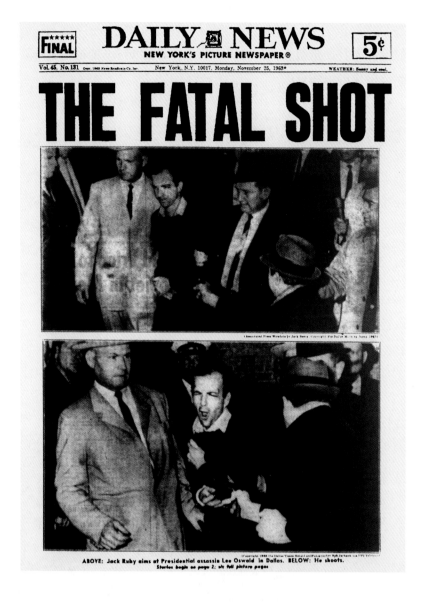

出来，用一把 Cobra 转轮枪朝着奥斯瓦尔德连开几枪，这把转轮枪的编号是 2744LW，"LW"是 Light Weight 的缩写，意思是轻型。杰克·鲁比是一个很有名的小混混，他还是一家夜总会的老板，毫无疑问他肯定与黑社会有联系。奥斯瓦尔德被击中后很快就死了，这也加深了刺杀美国第三十五任总统约翰·肯尼迪的神秘感。

杰克·鲁比的 Cobra 转轮枪很多年后被物归原主，它上面多了很多符号，包括达拉斯侦探，以及参与护送奥斯瓦尔德的警察名字的首字母。1967 年，鲁比死于癌症，他的 Cobra 转轮枪则在一次拍卖会上卖给了一名私人收藏家，据报道拍卖价格为 220000 美元。

军官型（Officer）转轮枪

从 1904 年到 1955 年标志性的蟒蛇（Python）转轮枪问世，柯尔特公司的主打运动射击转轮枪是中型 E 形框架军官型转轮枪。即使在 Python 转轮枪问世后，多种军官型的变体型号仍然一直生产到 20 世纪 60 年代末。多年来，军官型转轮枪一直是射击运动员的最爱，它创下了无数射击纪录。

第一阶段军官型转轮枪的特点是设计精美，没有装饰的条纹胡桃木握把，152 毫米长的枪管，平坦的顶框和可调节准星。它的生产时间是 1904—1908 年，口径为 9.65 毫米。

第二阶段军官型转轮枪的生产时间是 1908—1926 年，开始阶段（1908—1912 年）握把上也没用装饰，从 1913 年开始，握把上增加了柯尔特标志。它能发射 9.65 毫米和 8.13 毫米口径的子弹，枪管也有多种，包括 102 毫米、114 毫米、127 毫米、152 毫米和 190 毫米。

第三阶段的军官型转轮枪的生产时间是 1927—1949 年，其中在 1935 年还首次出现了重枪管选项。最初它有多种枪管长度

柯尔特军官型转轮枪

时间	1923 年
口径	9.64 毫米
重量	1.0 千克
全长	330 毫米
枪管长度	190 毫米
装弹	六发转轮
射程	64 米

的型号，但第二次世界大战结束后只有152毫米长度型号继续生产。它能发射多种类型的子弹，包括9.65毫米、8.13毫米和5.56毫米。此外，条纹胡桃木握把上还印有银色的柯尔特标志。

第四阶段的军官型转轮枪的生产时间是1949—1952年，它装有一个红褐色塑料握把。它是柯尔特公司在第二次世界大战后生产的第一种升级转轮枪，枪管长度为152毫米，能够发射9.65毫米和5.56毫米口径子弹。击锤、扳机和转轮释放钮上的滚花都被删去，它装有一个新型转轮锁止系统，可调节照门和加重的枪管。

第五阶段军官型转轮枪的生产时间是1952—1969年，它的特点是装有一个减缩重型152毫米长的枪管。握把由条纹胡桃木制成，上面有银色的柯尔特标志，它能发射9.65毫米和5.56毫米口径的子弹。它的菱形花纹击锤与Python转轮枪完全相同，它还装有可调节照门。

第六阶段军官型转轮枪是柯尔特对先前转轮枪的重造，当时所有的E形框架都用于生产Python转轮枪，为此柯尔特公司引入了J形框架，允许更高效的生产。第六阶段军官型转轮枪的产量只有不到500支，它装有152毫米长的枪管和专用准星。它的特点是宽击锤、光滑握把、带槽扳机，大部分都被出口到欧洲。

柯尔特Python转轮枪

塞缪尔·柯尔特曾经很自负，对员工提出的建议总是持怀疑态度。事实上，他对那些喜欢改装自己产品的人非常生气。但是有一个例外，那就是柯尔特公司在美国西海岸最出色的销售员比尔·亨利，他在1953年为了实现更好的销量对柯尔特的运动射击转轮枪进行了改装。

亨利推断射击运动员从1904年以后的很多年间都在改装柯尔特军官型转轮枪。他们往往会加装一些部件让重心更靠前，例如散热肋条。其他改进还包括更宽和更长的击锤来帮助掰下、瞄准和射击。当亨利将他的想法告诉柯尔特公司的高级管理层时,他坚信一把更精准的高档转轮枪在运动射击市场更有潜力。多年来,那些运动员一直向商店支付大笔金钱来改装自己的比赛用枪。

对柯尔特来说,对公司的投资包括时间、工具、劳动力、材料和营销都是实打实的。第二次世界大战后不管是在美国还是世界其他地区,枪械交易似乎在衰退,柯尔特公司需要推出一把开创性的转轮枪。当时,大规模生产方式仍然盛行,而且厂房里的重型设备不断生产出冲压部件,那是枪械工人的黄金时代。但与此同时,轻型铝合金和塑料等新材料正逐渐成为主流,并取代老式传统的零部件。

但是,亨利相信这个计划,而且最后证明他是正确的。1955年,柯尔特公司推出Python转轮枪,这把枪包含了亨利所设想的一切。自从Cobra转轮枪在1950年问世后,柯尔特公司就开始以蛇的名字命名自己的产品。关于名字的来源还有一个故事,当时柯尔特公司举办了一个命名活动,最终副经理菲利普·施瓦兹想到了"Python"这个名字,"蟒蛇"正好能完美体现出新型转轮枪的尺寸和威力。

柯尔特公司将研发项目交给了公司的两位枪械设计专家阿德尔伯特·巩特尔和德约翰。巩特尔在模型车间,利用军官型

柯尔特Python转轮枪

时间	1955年
口径	9.07毫米
重量	1.4千克
全长	291毫米
枪管长度	152毫米
装弹	六发转轮
射程	64米

▶ 这是一把 9.07 毫米口径柯尔特 Python 转轮枪，上面雕刻有精美的狩猎图案。

转轮枪的中型和 E 形框架以及 117.5 毫米长的枪管制造出了一把圆形枪，以今天的标准来看枪管很笨重，它的总重量超过了 1.4 千克。为了减轻重量，工程师在顶框挖孔，接着看了一眼底管，并决定将它挖空。它使用了军官型转轮枪上的照门，击锤和握把都是全新设计的。

新型枪管性能卓越，它设定的标准对于今天的枪械制造商来说仍然适用。随着时代的发展，9.07 毫米口径马格南子弹越来越受欢迎，与此同时柯尔特管理层则承认自己犯了战术性错误，仍然继续使用第二次世界大战前的 9.65 毫米口径子弹。很快柯尔特公司纠正错误推出了使用 9.07 毫米口径马格南子弹的新型转轮枪。Python 转轮枪能够使用两种类型的子弹，因此它的潜在用户也成倍增长。

接下来的任务交给德约翰，他要完成第一批预生产型号，为此他进行了一些改进以改善外观触感和性能。他还加装了阿科（Accro）可调节照门，这种照门后来成为柯尔特转轮枪的标配。预生产型号的数量大约为 100 支，它们装有 152 毫米长的枪管，条纹胡桃木竞赛握把。Python 转轮枪开创性地使用了 I 形框架，撞针的安装位置由击锤变到了框架内部。

柯尔特公司的管理层继续大力宣传 Python 转轮枪将会成为世界上最好的手枪，随着 I 形框架的引入，节省了大量工作时间。柯尔特公司的生产效率有了很大的提高，大量锻造和钣金部件都被省去，劳动密集型生产的旧时代正在走向尽头。

柯尔特 Python 转轮枪的光滑扳机和转轮释放钮，再加上可调节准星和全尺寸枪管底管，让它呈现出一个鲜明的轮廓，让人一看就能感受到射击比赛中的紧张感。工程师对弹膛和枪膛间的公差要求更严格，进而提高了膛口初速和精准度。中空枪管底管有助于稳定重心，转轮释放钮通过整个击锤行程，以确保扣动扳机时击锤就能完全翘起。这种精密动作能提供准确无误的控制感，进而提高精准度，而在某些手枪上当击锤完全翘起时，转轮会出现轻微的松动。为了进一步增强精准度，从 20 世纪 70 年代开始，工程师给它加装了一个激光准星，它也成为世界上第一种使用这种技术的量产转轮枪。

柯尔特 Python 转轮枪（第四阶段）

时间	1955 年
口径	9.07 毫米
重量	1.23 千克
全长	241 毫米
枪管长度	101.6 毫米
装弹	六发转轮
射程	46 米

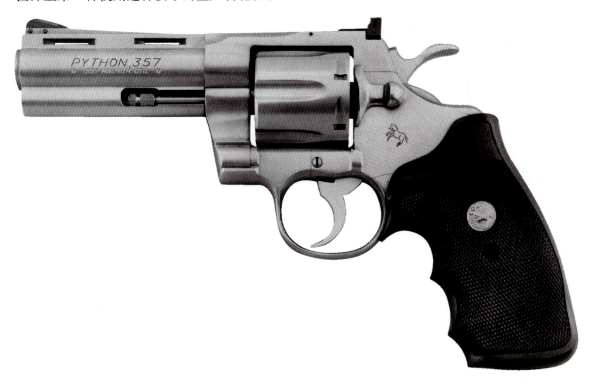

当 Python 转轮枪进入市场时，人们对它的需求量简直难以置信。根据柯尔特公司的记录，在 Python 转轮枪问世的前两年，只有德约翰和一位助手负责制造。当需求量越来越大时，公司决定开始常规生产 Python 转轮枪，但是对成品有严格的质检标准，确保离开生产线的都是最高品质的产品。

Python 转轮枪总共只有两种口径型号，它们分别是 9.07 毫米和 9.65 毫米。第一种是常规型号，枪管长度为 152 毫米，使用 9.07 毫米口径马格南子弹；第二种是 Python Target 型，它的枪管长度为 203 毫米。其实在原型枪阶段，它还有其他口径，并且使用多种不同的枪管，包括 64 毫米、76 毫米和 102 毫米，但是它们从未进入生产。

原型枪的口径包括 5.56 毫米、6.5 毫米和 10.4 毫米。而 10.4 毫米是最接近量产的。柯尔特公司按照供应商的要求研制了多达四种 10.4 毫米马格南原型枪。但是在测试中，工程师发现 Python 转轮枪的结构无法承受住 10.4 毫米马格南子弹产生的巨大冲击力，因此管理层决定终止该计划。

在 20 世纪 80 年代中期柯尔特年度产品目录的封面上是一对 5.56 毫米口径 Python 转轮枪，但在目录中柯尔特公司被迫承认管理层已经决定以后不再生产这种转轮枪。此外，柯尔特管理层表示在未来也没有生产计划。

柯尔特 Python Target 转轮枪

时间	1981 年
口径	9.65 毫米
重量	1.5 千克
全长	343 毫米
枪管长度	203 毫米
装弹	六发转轮
射程	64 米

尽管有些人声称他们购买到了 10.4 毫米口径的 Python 转轮枪，但制造商的记录并不认同，他们发现这些枪的序列号都是 9.07 毫米口径的型号。众所周知，枪械工程师将很多 Python 转轮枪的口径由 9.07 毫米改装成 10.4 毫米，这些改装后的 Python 转轮枪品质各不相同，既有非常普通的，也有非常精湛的。

柯尔特 Python 转轮枪对市场来说是新事物，而执法部门对其产生了浓厚的兴趣，为此柯尔特公司专门为执法部门生产了一种枪管长度为 102 毫米的型号，并将它命名为 Police Python 转轮枪。最初生产的少量枪管长度为 76 毫米的型号，在今天受到收藏家们的追捧。

的确，当一种武器到达像 Python 转轮枪这样的传奇地位时，总会出现一些与它有关的故事。有一个故事是这样的，两名柯尔特员工决定向一名柯尔特公司高层管理人员开一个玩笑。当时很多人都认为枪管长度为 64 毫米的 Python 转轮枪无法承受 9.07 毫米口径马格南子弹的巨大威力，但这两个人将 Python 转

▼ 第二次世界大战时期英国情报部门的老兵伊恩·弗莱明是著名电影人物詹姆斯·邦德的创作者，图中是一张电影海报，詹姆斯·邦德手中就是一把柯尔特 Python 转轮枪。

柯尔特 Python Elite 转轮枪

时间	1997 年
口径	9.07 毫米
重量	1.4 千克
全长	241 毫米
枪管长度	101.6 毫米
装弹	六发转轮
射程	46 米

轮枪的枪管缩短至 64 毫米,并将它送到柯尔特公司管理团队的高层那里。当那位高层管理者看到这把"塌鼻子"Python 转轮枪,他印象深刻,并要求对其进一步研究,并最终进行量产。

到 20 世纪 90 年代末,随着大批优秀员工退休或跳槽,以及市场竞争越来越激烈,柯尔特公司再次陷入财政危机。1997 年,柯尔特公司只提供 Python 转轮枪定制服务,并将相关业务转移到柯尔特定制商店来完成。为了便于销售,柯尔特公司将定制商店型号命名为 Python Elite 转轮枪。定制商店型号和工厂型号的唯一区别是枪管上的印花。

当柯尔特公司在 2005 年完全停止生产 Python 转轮枪时,推出了一把 50 周年纪念版。它使用 152 毫米长的枪管,枪身和枪管上都有精美的装饰和雕刻。Python 转轮枪一直以高精准度而著称,有些人称它为柯尔特公司曾经制造过的最好的转轮枪。

外观上的成功

在 Python 转轮枪的生产历史上,外观和部件都出现过很多细微的变化,包括饰面、握把和其他细节。但是后来的生产的型号与1955年的原始型号基本相同。此外，柯尔特公司也完成了一些专门的定制和限量版的生产。

握把改变过很多次，很难确定这些变化出现的准确日期。最常见的握把由条纹胡桃木制成，到20世纪80年代中期，有些不锈钢型号上出现了合成橡胶握把。从20世纪90年代中期开始，102毫米长的枪管成为标准，这段时期曾经短暂使用过霍格握把。Python转轮枪握把上采用的都是金色的柯尔特标志徽章，而在柯尔特其他型号手枪上则可以选择银色的标志徽章，这让Python转轮枪与其他型号区别开来。但是，也有少量Python转轮枪采用了银色标志徽章。到20世纪70年代末，金色徽章开始出现在更多的型号上，几年后金色徽章成为柯尔特生产线上的标准。

Python转轮枪的发展变化还包括在1960年阿科照门换成了叶片式照门。大约在同一时间，中空枪管底管变成了实心的，顶管肋条也被加长。1972年，工程师对老式退弹系统进行了彻底的改造，几年后转轮上还增加了凹槽。双针准星换成了单针准星，而且枪管膛纹也被调整，以兼容同时期King Cobra、MK Ⅲ和MK Ⅴ手枪的枪管膛纹。20世纪70年代末，工程师决定在倾斜准星上增加一个红色或橙色条状物，在照门上增加一个白色条状物以增大瞄准对比度，方便射手快速瞄准。

"Royal Blue"转轮枪

在长时间的生产中，Python转轮枪还以精美的外观而著称，包括镀镍和不锈钢高度抛光处理。镀镍处理的被称为"皇家柯尔特警卫"，但是到目前为止最著名的还是高度烤蓝处理的型号，它们被称为"Royal Blue"——皇家蓝。

柯尔特抛光工艺一直以来都被认为是枪械行业中最好的，Python转轮枪也是最好的。专业的抛光工人需要花费很长的时间才能实现"皇家蓝"，而且柯尔特公司还会定期举行培训活动。事实上柯尔特公司有一家抛光技艺学校，抛光工人在那里能接受到柯尔特专家人士的长期指导。

柯尔特 Python "Royal Blue" 转轮枪

时间	1955 年
口径	9.07 毫米
重量	1.4 千克
全长	241 毫米
枪管长度	101.6 毫米
装弹	六发转轮
射程	46 米

柯尔特抛光工人使用覆盖有海象皮的特制抛光轮，并只有一道抛光工序。随着抛光工艺的继续，抛光轮也细腻到更方便下次抛光。柯尔特"皇家蓝"与其他厂家和柯尔特廉价型号的蓝色抛光相比，真正的区别在于投入的时间不同。一个小小的失误就能破坏整个抛光，因此只有最有经验的人员才能被允许在枪面工作。Python 转轮枪"皇家蓝"的光泽非常独特，以至于有些人称它为"Python 蓝"。当然，由于耗费了大量人工和最高档的材料，Python 转轮枪的价格也不便宜，零售价通常超过 1000 美元。

尽管柯尔特 Python 转轮枪多年来一直受到称赞，但也出现了一些批评者。有些人认为它的重量过高，尤其是对于 9.07 毫米和 9.65 毫米口径型号来说。他们还发现它在长时间射击后会出现间隙，简单理解就是转轮会偏离枪管轴线。在某些情况下，转轮会出现裂缝，产生膛炸，伤及射手。

争论的焦点是 Python 转轮枪的运转动作，尽管寿命记录显示寿命较高，但有些人也对它持怀疑态度。定期保养转轮和锁定气缸的部件可以有效解决潜在的问题。

纪念版和特别版

柯尔特 Python 转轮枪还有一个纪念版和特别版，包括 Python Hunter、Python Silhouette、Python Stalker、Ultimate Python 和 Python Target。Python Hunter 转轮枪装有一个独特的望远镜瞄具；Python Silhouette 转轮枪也装有一个望远镜瞄具；Python Stalker 是一种限量版，总产量只有大约 200 支；Ultimate Python 是一种定制商店型号，它装有艾莉森瞄具，并采用"皇家蓝"抛光；Python Target 是一种运动射击版型号，它的口径为 9.65 毫米，枪管长度为 203 毫米，"皇家蓝"抛光的数量不到 3500 支，而不锈钢抛光的数量只有 251 支。

很多名人都向柯尔特公司定制了 Python 转轮枪，他们包括约旦的侯赛因国王、西班牙的胡安·卡洛斯国王、埃及总统安瓦尔·萨达特，以及沙特阿拉伯国王哈立德和王子法赫德。此外，柯尔特公司还为美国和加拿大的执法部门生产了特别的专用型号。

柯尔特 Python 转轮枪在好莱坞演艺界和政界名流中也很受欢迎，这些人包括埃尔维斯·普雷斯利、美国联邦调查局原局长埃德加·胡佛、电影《威震八方》中的布福德州长，以及史蒂夫·麦奎因。此外，它还出现在很多电影中，包括《忧郁骑

柯尔特 Python Hunter 转轮枪

时间	1981 年
口径	9.65 毫米
重量	1.5 千克
全长	343 毫米
枪管长度	203 毫米
装弹	六发转轮
射程	91 米

警》《紧急搜捕令》《赌命鸳鸯》以及电视剧《警界双雄》。

柯尔特公司也在不断利用 Python 转轮枪的流行，1966 年柯尔特公司推出了 Diamondback 转轮枪，目的是将它当成另一种高档转轮枪。Diamondback 转轮枪采用了 D 形框架，生产周期为 25 年，它的特点包括可调节瞄具、宽防滑纹竞赛击锤、通气肋条和精美的烤蓝或镀镍抛光。它能发射多种口径子弹，包括 5.56 毫米和 9.65 毫米，它还能使用多种长度的枪管，包括 64 毫米、102 毫米和 152 毫米，其中枪管长度为 64 毫米的型号在执法人员中很受欢迎。电影《无所遁形》中约翰·韦恩使用一把口径为 9.65 毫米，枪管长度为 102 毫米的 Diamondback 转轮枪；电影《警网铁金刚》中史蒂夫·麦奎因使用一把口径为 9.65 毫米，枪管长度为 64 毫米的 Diamondback 转轮枪。

柯尔特 357 型转轮枪

柯尔特公司管理层认识到第二次世界大战后的潜在消费者除了原始的 9.65 毫米口径型号外，还想要更多的选择，于是他们迅速市场需求，推出一种新型中型框架 357 型马格南转轮枪。

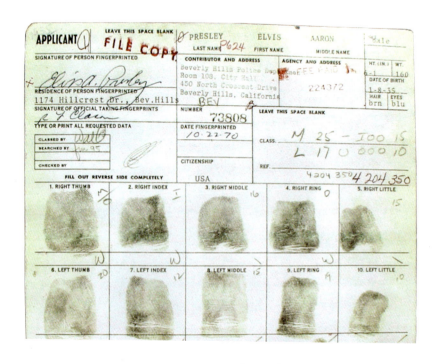

▼ 摇滚乐之王埃尔维斯·普雷斯利在 1970 年购买 Python 转轮枪的申请书，普雷斯利只是众多拥有 Python 转轮枪的名人之一。

它问世于 1953 年，最后的总产量大约为 1.5 万支。中型 E 形框架是从 I 形框架改装来的，工程师进行了重新设计以使用更大威力的马格南子弹。其中一种改装是将撞针的安装位置从击锤变到框架内部的弹簧载体上。工程师还对转轮进行了创新的热处理以适应

马格南子弹产生的更高压力。

柯尔特 357 型和新的 Trooper 系列转轮枪在外观上很相似，其实 Trooper 系列是专门为执法部门设计的一种廉价版，通常只有 9.65 毫米口径型号。另一方面，357 型是为大众消费者设计的，而且正如人们设想的那样，它只能使用 9.07 毫米（0.357 英寸）口径的子弹。顾客可以选择搭配多种样式的**握把和击锤**，大部分型号的饰面都是烤蓝处理，少量采用镀镍处理。枪管长度为 127 毫米型号是佛罗里达高速巡警专门定制的。它能使用 102 毫米或 152 毫米长的枪管。最初，它使用阿科照门和圆叶片式准星，但后来被驼峰式照门和方形准星所取代。

柯尔特公司采取的市场营销策略是 Trooper 转轮枪负责低端**市场**，357 型转轮枪负责高端市场。但是到 1960 年也能发射 9.07 毫米口径马格南子弹的 Python 转轮枪问世后，357 型转轮枪的**市场份额急剧下降**。最终在 1961 年，公司决定停止生产 357 型**转轮枪**。

1953 年问世的 Trooper 转轮枪与军官型转轮枪基本相同，

柯尔特 Diamond-back 转轮枪

时间	1966 年
口径	9.65 毫米
重量	0.86 千克
全长	292 毫米
枪管长度	152 毫米
装弹	六发转轮
射程	46 米

它们都装有一个倾斜准星和可调节照门。它使用 E 形框架，只能使用 9.65 毫米和 5.56 毫米口径子弹。但是当 357 型转轮枪停产时，柯尔特公司决定在生产 9.07 毫米马格南子弹和 9.65 毫米口径特种弹型号时将 E 形框架换成 I 形框架，而 5.56 毫米口径的型号继续使用 E 形框架。

到 20 世纪 60 年代末，疲软的销售和高昂的制造成本已经侵蚀到柯尔特公司的底线，在这两个困难的双重打击下，其中一个解决方案是采用一种耗费时间和人力较少的生产方法。柯尔特公司采用烧结钢制造工艺，并开创了粉末冶金生产的时代。这种工艺的原理是将粉末钢注入磨具内，并加热让其化成钢水，接着再冷却硬化成型。

与此同时，柯尔特公司基于 J 形框架研制了一种新型转轮枪。J 形框架完全偏离了柯尔特以前的做法，它采用新型弹簧和锁止销，取代了以前的老式保险系统。新设计和新制造工艺的产物就是 Trooper MK Ⅲ 型转轮枪。1986 年，MK Ⅲ 型转轮枪正式停产，所有变种型号的总产量大约为 30 万支。

柯尔特 Trooper MK Ⅲ 型转轮枪问世于 1969 年，最初它使用 9.07 毫米马格南子弹，后来出现了使用 5.56 毫米和 9.65 毫米口径

柯尔特 Trooper 转轮枪

时间	1953 年
口径	9.65 毫米
重量	1.13 千克
全长	241 毫米
枪管长度	101.6 毫米
装弹	六发转轮
射程	46 米

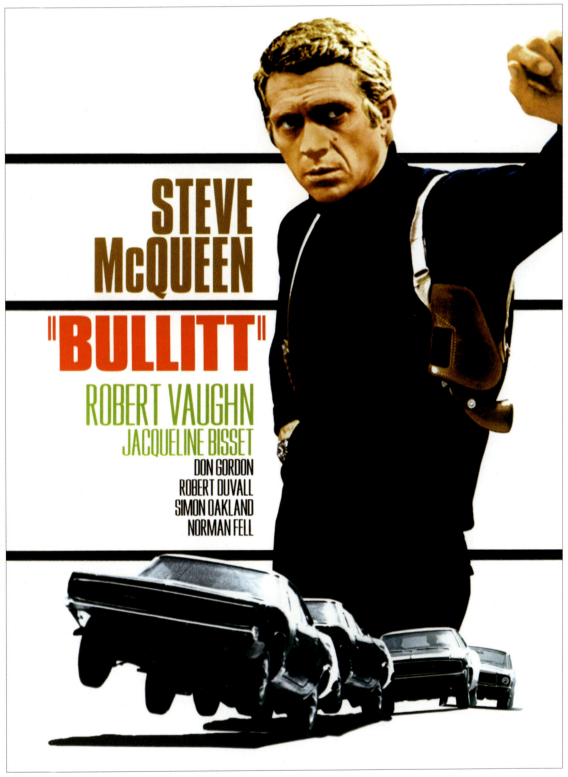

▲ 电影《警网铁金刚》的海报，史蒂夫·麦奎因肩膀上挂着一把 9.65 毫米口径，枪管长度为 64 毫米的柯尔特 Diamondback 转轮枪。

柯尔特 Trooper MK Ⅲ 型转轮枪

时间	1969 年
口径	9.07 毫米
重量	1.25 千克
全长	241 毫米
枪管长度	101.6 毫米
装弹	六发转轮
射程	46 米

子弹的型号。柯尔特公司还有很多以 MK Ⅲ 型为基础的变体型号，包括 Lawman、Metropolitan Police、Official Police Mark Ⅲ 和军官型 Match Mark Ⅲ 型。

柯尔特 Trooper MK Ⅲ 型转轮枪是一种高端型号，它具有精美的高光泽蓝黑镀镍抛光。它能使用多种长度的枪管，包括 102 毫米、152 毫米和 203 毫米，它还使用了柯尔特公司第一种竞赛 Target 扳机、竞赛 Target 击锤和竞赛 Target 握把。Lawman 型转轮枪是一种固定瞄具转轮枪，它装有一个窄槽扳机和带槽击锤，它的握把由硬橡胶制成，上面有银色的柯尔特标志。Lawman 型转轮枪的枪管长度为 50 毫米或 102 毫米，后来的型号退弹杆被包裹起来。枪管长度为 50 毫米的型号特点是圆端握把，这种特点只出现在这种型号上。

Metropolitan Police 转轮枪衍生自 Lawman 型，它的口径为 9.65 毫米，枪管长度为 102 毫米，并具有明亮的蓝色抛光。

Police Mark Ⅲ 型可以算是 Lawman 型的前身，它能使用 102 毫米、127 毫米或 152 毫米长的枪管，并装有一个显著的倾斜准星，它只有 9.65 毫米口径的型号。柯尔特最初的想法是用军官型 Mark Ⅲ 型取代军官型 Target 转轮枪，还有一些人认为它是军官型的第六和第七阶段型号。

1982 年，柯尔特公司推出了 Trooper MK Ⅴ 型转轮枪。与先前的 MK Ⅲ 型相比，它有很多改进，包括通风管肋条和主击发簧的角度，这样击锤可以以 46° 撞击撞针而不是以前的 54°，这样能在双动发射时改善扳机力。当 Trooper MK Ⅴ 型和 Lawman MK Ⅴ 型开始量产后，柯尔特公司就停止了所有 MK Ⅲ 型的生产。

柯尔特 Trooper MK Ⅴ 型转轮枪的特点是可调节准星，以及竞赛 Target 握把、击锤和扳机。它使用 9.07 毫米口径马格南子弹，枪管长度可以是 102 毫米、127 毫米或 203 毫米。Lawman MK Ⅴ 型是一种通用型号，它装有固定准星，枪管长度可以是 102 毫米或 50 毫米，枪管长度为 102 毫米型号的退弹杆是暴露在外面的，而 50 毫米的型号则有一个退弹杆护套。其他变体型号还包括 Boa 和 Peacekeeper 转轮枪，Boa 转轮枪是为卢霍顿公司生产的，产量只有 600 支，它与 Python 转轮枪相似，使用皇家蓝抛光，枪管长度可以是 102 毫米或 127 毫米。

MK Ⅴ 型还有几种变体型号，包括 Air Marshal 型和 Whitetailer 型。Air Marshal 型是柯尔特公司为空军元帅研制的，它使用塑料转轮和塑料子弹，专门在飞机上使用。但是它的产量非常少。Whitetailer 型装有一个 203 毫米长的枪管和伯里斯 2 倍瞄具。

柯尔特公司总是能迎合公众的口味，他们认识到不锈钢转轮枪的需求量会很大，并且到 1986 年公司已经对所有 Trooper Mark Ⅴ 型进行了升级，并将它重新命名为 King Cobra 转轮枪。除了采用新型枪管和不锈钢结构外，这种新型转轮枪还采用了 AA 形框架。

与前代相同，King Cobra 转轮枪非常适合来发射大威力马

柯尔特 Trooper MK Ⅴ 型转轮枪

时间	1982 年
口径	9.07 毫米
重量	1.13 千克
全长	292 毫米
枪管长度	152 毫米
装弹	六发转轮
射程	46 米

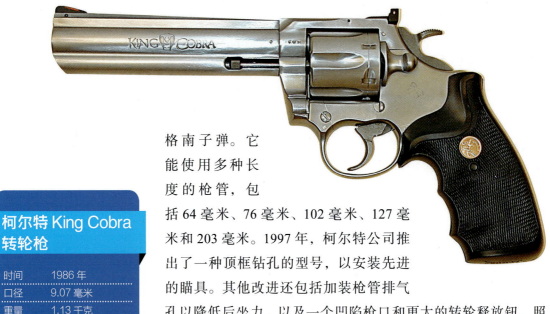

柯尔特 King Cobra 转轮枪

时间	1986 年
口径	9.07 毫米
重量	1.13 千克
全长	292 毫米
枪管长度	152 毫米
装弹	六发转轮
射程	46 米

格南子弹。它能使用多种长度的枪管，包括 64 毫米、76 毫米、102 毫米、127 毫米和 203 毫米。1997 年，柯尔特公司推出了一种顶框钻孔的型号，以安装先进的瞄具。其他改进还包括加装枪管排气孔以降低后坐力，以及一个凹陷枪口和更大的转轮释放钮。照门使用了白色轮廓，而准星则有一个红色插芯。

柯尔特 King Cobra 转轮枪的生产历史很有特点，不断地停产又不断地复产。它的生产始于 1986 年，接着在 1992 年停产，然后在 1994 年复产，最后在 1998 年再度停产。它的变体型号包括 Whitetailer Ⅱ 型、Grizzly Sporting 型和 Combat Cobra 型。Whitetailer Ⅱ 型的特点是装有一个伯里斯 1.5 倍瞄具；Grizzly Sporting 型是一种定制商店版，它装有一个 Python 枪管，光滑转轮和熊掌标志；Combat Cobra 型则是专门为卢霍顿公司制造的一款限量版型号。

大家伙

当柯尔特公司在 1942 年决定停止生产大框架双动转轮枪时，几乎没有人相信直到半个多世纪后公司才决定复产这种经典的大框架转轮枪。1990 年，柯尔特公司推出了 Anaconda 转轮枪，这标志着柯尔特大框架转轮枪重现天日。Anaconda 转轮枪是基于 King Cobra 转轮枪设计的，它能发射 11.17 毫米口径马格南子弹。因此，它也能算是 Trooper MK V 型转轮枪的直系后裔。

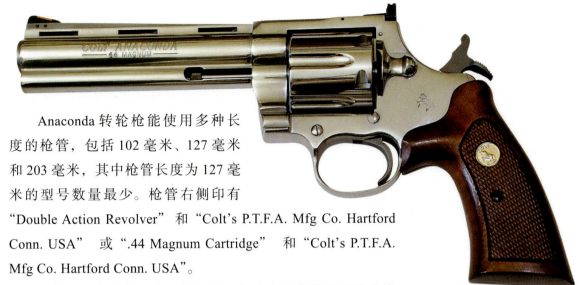

Anaconda 转轮枪能使用多种长度的枪管，包括 102 毫米、127 毫米和 203 毫米，其中枪管长度为 127 毫米的型号数量最少。枪管右侧印有"Double Action Revolver"和"Colt's P.T.F.A. Mfg Co. Hartford Conn. USA"或".44 Magnum Cartridge"和"Colt's P.T.F.A. Mfg Co. Hartford Conn. USA"。

早期型号存在精准度差的问题，但后来通常是通过校准枪管对其进行了修正。尽管存在一些问题，但柯尔特还是非常自信地向运动员和执法人员推销这种转轮枪，因为它可以算是当时精准度最高的 11.17 毫米口径转轮枪。标准型号在 1999 年就停产了，但是柯尔特定制商店会留存很少数量。

Anaconda 转轮枪的变体型号包括 First Edition 型和 Kodiak 型。First Edition 型采用明亮抛光，枪管上印有"Colt Anaconda First Edition"字样，它的数量非常少，只有不到 1000 支；Kodiak 型装有 102 毫米或 152 毫米长的枪管，抛光转轮，枪管上印有"Colt Kodiak .44 Magnum"和熊掌标志，从 2000 年开始它的序列号以 CKA 开头。

Realtree Camouflage 型问世于 1996 年，它装有一个 2.5 倍光学瞄具，枪身采用迷彩图案，握把右侧印又一个柯尔特标志，枪管上印有"Colt Realtree .44 Magnum"字样。

Anaconda Hunter 型装有一个 2 倍光学瞄具，使用橡胶或胡桃木握把，它的生产时间是 1991—1993 年。Anaconda Custom Ported 型的口径是 11.17 毫米，它使用 152 毫米或 203 毫米长枪管，以及竞赛 Target 瞄具和握把。它的生产时间分为三个阶段，分别是 1992—1993 年、1995—1996 年和 2002—2003 年。

柯尔特 Anaconda 转轮枪

时间	1990 年
口径	11.17 毫米
重量	1.5 千克
全长	295 毫米
枪管长度	152 毫米
装弹	六发转轮
射程	46 米

▲ 在犯罪浪潮比较猖狂的时期,美国政府会给邮政工人配备一把柯尔特M1911型半自动手枪。照片上的邮政工人正准备射击,他身后是一辆窗户被子弹击中的美国邮政车辆。

第三章
M1911型和半自动手枪

约翰·莫斯·勃朗宁是历史上最多产的枪械设计者之一。他于1855年出生于美国犹他州的奥格登，1926年在比利时去世。从半自动手枪到步枪和机枪，勃朗宁这个名字一直是卓越和创新小型武器的代名词。

勃朗宁的著名设计之一是M1895型机枪，俗称"马铃薯挖掘机"，它是世界上第一种导气式机枪。勃朗宁也为美国军方设计了几种武器，它们在20世纪的两次世界大战中都赢得了标志性地位。这些武器包括勃朗宁自动步枪（即BAR步枪，它能让单兵拥有小队级别的火力）、重型7.62毫米口径M1917型水冷机枪、中型7.62毫米口径M1919型风冷机枪、重型12.7毫米口径机枪，以及M1911型半自动步枪。当美国盟军作战人员在20世纪奔赴战场时，勃朗宁设计的武器随处可见，不管是在陆地、海上还是空中。

勃朗宁毕生经营勃朗宁武器公司的同时，还担任过几家知名公司的设计师，包括萨维奇、雷明顿、温彻斯特、比利时FN和柯尔特公司。勃朗宁与柯尔特公司合作研制出枪械设计中的几个里程碑产品。M1895型机枪和M1911型手枪都是双方花费大量心血研制的成果，它们不仅维护了勃朗宁在世界小型武器设计者中的卓越声誉，而且也帮助柯尔特公司成为世界著名的枪械制造商。

▶ 约翰·莫斯·勃朗宁是历史上最多产的枪械设计者之一,图中他正在测试一把早期的机枪。勃朗宁与柯尔特公司合作研制出枪械设计中几个里程碑产品。

从转轮枪到半自动手枪

19世纪后期,勃朗宁研制出一系列半自动手枪,而这些手枪的生产和销售落在了柯尔特公司手中。经过持续改进和调整后,柯尔特公司最终推出M1911型,并在稍晚时候推出军用型号M1911 A1型。在很小的时候,勃朗宁就在设计和绘图室证明了自己的天赋,M1911型是兼顾威力和稳定性的精心杰作。需要注意的是,M1911型是建立在很多前辈基础上的,它们都有很相似的轮廓和外观。

最早是M1900型,它是勃朗宁在几个原型基础上研制而成的。M1900 型也是勃朗宁公司获得授权制造和销售的众多勃朗宁半自动手枪中的第一种。M1900 型的生产时间是 1900—1902 年，它是第一种使用 9.65 毫米口径 ACP 子弹的半自动手枪。M1900 型的产量大约为 4300 支，而且与其他柯尔特手枪相同，它也使用瞄具保险，当半翘起击锤时，瞄具会落下挡住撞针，防止走火。

但瞄具保险并不好用，并且很多使用者也不喜欢。在三年生产的某个时期，柯尔特公司在生产中将它换成固定瞄具和插销保险。柯尔特公司也提供新型保险装置的改装服务，因此很多使用者将原来购买的早期 M1900 型送到公司进行改装。

M1900 型与同时期的其他公司半自动手枪有一处显著的区别，它的全长度套筒覆盖着整个枪管长度，而在其他类型的半自动手枪上，枪管和枪机使用沟槽加工到框架上。弹药也是新型的，9.65 毫米 ACP 子弹本质上是一种 9.07 毫米口径子弹，它的膛口初速比同时期的子弹更高。

紧跟 M1900 型的脚步，柯尔特公司推出了 M1902 型，并随之推出五种变体——M1902 型运动版、M1902 型军用版、M1903 口袋型有击锤版和无击锤版，以及 M1905 型。M1902 型

柯尔特 M1900 型手枪

时间	1900 年
口径	9.65 毫米
重量	0.99 千克
全长	230 毫米
枪管长度	152 毫米
装弹	七发弹匣
射程	50 米

运动版与原来的型号略有不同，序列号仍与 M1900 型保持一致。握把由花纹黑硬塑料制成，上面印有柯尔特的名字和标志。整体外观采用烤蓝处理饰面，主要变化包括瞄具保险的铣削工作，这能有效降低成本，节省时间。防滑纹位于套筒两侧，圆形击锤更长。M1902 型运动版的生产时间是 1902—1907 年，总产量超过 6900 支。

历史上有很多著名的 M1902 型运动版，其中一把就属于歹徒邦尼·帕克。帕克和其同样是歹徒的情人克莱德·巴罗拥有众多武器，这些武器后来都卖出了很高的价钱，这把柯尔特手枪更是在 2014 年拍出了 99450 美元的高价。帕克的这把运动版手枪在离开工厂时是经过烤蓝处理的，但后来某个时候又进行了镀镍处理。当帕克和巴罗在 1934 年路易斯安那州被击毙时，发现这把手枪居然缝在她的裙子上。

后来，人们将帕克的尸体送往殡仪馆，并将她的遗物交给帕克家族的长者。几十年后，这位长者将这把枪，连同弹匣、六发子弹和一个纪念牌一起出售。在套筒的右侧印有"AUTOMATIC COLT CALIBER 38 RIMLESS SMOKELESS"字样。击锤也是标准的圆形样式。

柯尔特 M1902 型手枪

时间	1902 年
口径	9.65 毫米
重量	1.08 千克
全长	228.6 毫米
枪管长度	152 毫米
装弹	八发弹匣
射程	50 米

柯尔特M1902型可以算是M1900型的简化版,它的零部件数量更少而且内部机制也有所简化。当掉落或粗暴操作时,M1900型容易发生走火,为此工程师在M1902型上将撞针长度缩短,这样可以有效防止意外发生。当美国军方对M1900型进行评估时,专家建议加装一个空仓挂机功能,后来该装置安装在了M1902型身上。

柯尔特公司还生产了M1902型军用版,截至1928年停产时,它的总产量为18068支。军用版的主要变化在于八发弹匣,为此握把也有略微的加长。握把框架上装有一个挂绳圈,此外上面还装有一个空仓挂机装置。1908年以前生产的军用版装有圆形击锤,后来的型号都换成了倒钩击锤。除了柯尔特的名称和标志外,每支枪上还印有生产日期。

柯尔特M1903口袋型有击锤版本质上是在M1902型上安装了缩短的114毫米枪管。截至1927年,它的总产量大约为3.1万支,其中大部分是烤蓝处理带有硬黑橡胶握把,少量是镀镍处理,并带有胡桃木、珍珠母或象牙握把。它还有一些细微的改变,包括从圆形击锤换成倒钩状,套筒上的三角切口换成了铣削的防滑纹。

柯尔特M1903口袋型有击锤版手枪

时间	1903年
口径	9.65毫米
重量	0.89千克
全长	197毫米
枪管长度	114毫米
装弹	七发弹匣
射程	23米

柯尔特 M1903 口袋型有击锤版的编号比较混乱。第一批生产的型号从 19999 开始编号，一直反向编到 16000 结束。1906 年开始生产的第二批型号的编号从 20000 开始，一直到 47227 结束。

名字所代表的含义

柯尔特 M1903 口袋型无击锤版的名字本质上只是一种营销工具，而不是对手枪本身准确的描述。尽管名字上带有"无击锤"三个字，事实上它装有一个击锤，被套筒后部包裹在其中。无击锤版不管是在民用还是军用市场都很受欢迎，到 1945 年，它的总产量大约为 57 万支。这样的隐藏击锤配置的优点是显而易见的，击锤没有暴露在外面意味着它可以更容易地隐藏在上衣或裤子的口袋中。

柯尔特 M1903 口袋型无击锤版是一种单动复进式手枪，口径为 8.13 毫米，弹匣容量为八发。它有五种衍生变体，每一种在结构上都略有不同。它与 M1903 口袋型有击锤并没有直接的关系，它的最显著特点是带有防滑纹的套筒，它能在手动操作时提供更好的操控性。

柯尔特 M1903 口袋型无击锤版上装有两个保险装置，一个是背带的握把保险装置，另一个是手动保险装置。M1903 口袋型无击锤版被营销人员宣传为一种自卫武器，早期的广告往往

柯尔特 M1903 口袋型无击锤版手枪

时间	1903 年
口径	8.13 毫米
重量	0.68 千克
全长	178 毫米
枪管长度	101.6 毫米
装弹	八发弹匣
射程	23 米

针对那些经常开车出行的人。广告词往往这样写道："给你的车配上一把柯尔特手枪，它能保护你自己免受日益猖狂的汽车强盗的伤害。当在偏远地方形势周围没有帮助时，一把柯尔特手枪是非常必要的。"

第一批 M1903 口袋型无击锤版装有 102 毫米长的枪管，外表经过烤蓝或镀镍处理。握把由胡桃木或黑硬橡胶制成，柯尔特的名字和标志要么印在握把上，要么印在一个内嵌的椭圆形标牌上。第二批型号装有 95 毫米长的枪管和分离的枪管衬套；第三批型号和第二批类似。第四批型号装有一个 95 毫米长的枪管和整体的枪管护套，以及一个弹匣保险。少量第四批型号还采用了军用级别的磷酸盐处理饰面。

第五批型号严格按照军用标准，除了装有 95 毫米长的枪管外，还装有军用瞄具和弹匣保险。它往往被分发给美国陆军和空军上将级别的军官，通常配有真皮枪套、挂绳、手枪皮带和两个弹药袋。它的使用者包括第二次世界大战期间欧洲战场盟军最高指挥官德怀特·D. 艾森豪威尔上将和美国陆军总参谋长乔治·C. 马歇尔上将。

著名的美国上将乔治·S. 巴顿也有一把，握把上装饰着他上将军衔的星星。后来柯尔特将原始的 M1903 口袋型无击锤版

柯尔特 M1905 手枪

时间	1905 年
口径	11.43 毫米
重量	0.92 千克
全长	203 毫米
枪管长度	127 毫米
装弹	七发弹匣
射程	50 米

改成9.65毫米口径和七发弹匣,并在五年后推出了M1908型。除了口径和弹匣容量的区别外,M1908型与前代完全相同。

M1903口袋型无击锤版也深受一些犯罪分子的欢迎。1934年7月22日,约翰·狄林杰在芝加哥剧院外被一名神秘的"红衣女郎"枪杀,后来警察在他尸体旁发现一把M1903口袋型无击锤版。1952年,银行劫匪威利·萨顿被纽约布鲁克林区的警察逮捕时,他手里正拿着一把M1903口袋型无击锤版。

M1905型本质上是一把11.43毫米口径的M1900型,柯尔特公司进行这一改变的原因是大口径武器具有更好的击倒能力,这更符合军方的要求,而且公司希望获得更多的政府订单。M1905型有两种枪管长度的型号,分别是124毫米和127毫米。外表是烤蓝处理饰面,握把由防滑纹胡桃木制成。

1905—1917年间,M1905型的产量超过6200支。柯尔特公司在民用市场上的广告中这样写道:"它是有史以来最强大、最可靠的半自动手枪。"M1905型完全符合军方的标准,它为后来M1911型的成功奠定了基础。

在20世纪的第一个十年里,美国进行了多次武器测试,并吸取了在菲律宾作战时低威力手枪和弹药的教训,并确定11.43毫米口径半自动手枪能够满足军方的各项要求。经过几个月的测试,柯尔特公司在勃朗宁的基本设计上引入了许多变化。

有些手枪明显带有著名的M1911型的血统,其中包括M1907型军用版,M1907型的寿命很短暂,在1908年3月到9月的七个月生产时间里,产量只有207支。M1907型的总量仅为0.95千克,枪管长度127毫米,全长206毫米,口径为11.43毫米,弹匣容量为七发。外表全部采用烤蓝处理饰面,握把由防滑纹胡桃木制成。今天,这种手枪很少见,是收藏家最喜欢的珍品。所有的M1907型上都印

柯尔特M1907型军用版手枪

时间	1907年
口径	11.43毫米
重量	0.95千克
全长	206毫米
枪管长度	127毫米
装弹	七发弹匣
射程	50米

有字母"K.M.","KM"是肯尼斯·莫顿名字的缩写,他是唯一一个为军方检查这种手枪的人。它有两种衍生变体,其中第二种的特点是装有一个强化镫形夹头和加长的扳机镫形夹头销、一个指示器(显示弹膛是否装弹)、一个改进的击锤和一个挂绳环。

柯尔特公司将重心放在军用市场的同时,还推出了一种便于隐藏携带的袖珍手枪,当然它也是以勃朗宁的设计为基础。这种袖珍手枪的名字是柯尔特 M1908 袖珍型无击锤版,它的重量仅为 369 克,枪管长度为 51 毫米,全长为 114 毫米,正好可以藏在西装背心的口袋中。

柯尔特 M1908 袖珍型无击锤版的生产一直持续到 1948 年,在 40 多年的生产时间里总产量达到了 420507 支。它采用烤蓝处理饰面,并装有硬化的握把保险、套筒保险和扳机。有些也会采用镀镍处理饰面。与其他无击锤版柯尔特手枪相同,它其实也有一个击锤,只是藏在长套筒下部。弹匣的容量为六发,握把由防滑纹胡桃木或黑硬橡胶制成,上面印有柯尔特的名字和标志。

为了推销柯尔特 M1908 袖珍型无击锤版,柯尔特公司将重点放在了安全特性和个人防护需求上。事实上,勃朗宁也为比利时 FN 公司研制了一种类似的型号。1916 年 M1908 袖珍型无击锤版得到进一步加强,包括安装了一个弹匣保险隔离器,当卸下弹匣但弹膛内仍然留有子弹时,它能防止手枪走火。1943—1945 年,受到第二次世界大战的影响,M1908 袖珍型无击锤版的生产被迫停止。尽管只是安装了最简单的机械瞄具,但人们设想在近距离射击范围内这已经足够了。

一个世纪的经典

20 世纪初,美国军方正在向更先进的小型武器过渡。随着机枪的出现,以及美国军方开始装备克拉格 - 约根森步枪,以及

柯尔特 M1908 袖珍型无击锤版手枪

时间	1908 年
口径	8.13 毫米
重量	0.37 千克
全长	114 毫米
枪管长度	51 毫米
装弹	六发弹匣
射程	23 米

► 11.43 毫米口径柯尔特 ACP 子弹是约翰·勃朗宁在 1904 年为一种半自动原型手枪专门研制的。最终，勃朗宁的手枪设计被柯尔特采纳，并逐渐演变成著名的 M1911 型。

紧随其后的斯普林菲尔德 M1903 型 7.62 毫米口径步枪，美国军方同时急需一把性能可靠的半自动手枪。

在 1900—1910 年间的几轮公开测试中，柯尔特公司都位于最突出的位置。曼立夏和毛瑟等国外竞争对手的设计都是 9.65 毫米口径，而在战斗中已经证明 9.65 毫米口径威力不足，当时美国军方不得不召回已经退役的 11.43 毫米口径 M1873 型手枪。

在 1904 年汤普森-勒加德试验中，技术人员得出这样的结论："一颗在近距离具有足够冲击力和止动能力的军用手枪或转轮枪子弹，其口径要达到 11.43 毫米。"尽管柯尔特 M1900 型是一系列测试的最早参与者之一，柯尔特公司还是为了满足政府对 11.43 毫米口径的强制要求推出了 M1905 型。在 1906 年的测试中，柯尔特公司的勃朗宁设计的竞争对手包括伯格曼、萨维奇、克鲁比、怀特-梅里尔和德国 DWM 公司。最终，柯尔特、萨维奇和 DWM 公司进入最后的竞争，不久 DWM 公司在 1910 年底更多测试中退出，并向对手柯尔特和萨维奇公司宣称，这样研制出来的手枪绝对是一个怪物。

当约翰·勃朗宁努力改进自己的枪管短后座手枪设计的同时，他还将新型的 11.43 毫米口径 ACP 子弹发展成标准子弹。从 M1907 型（专门为测试目的研制的另一种原型枪）后，勃朗宁又向美国军械司令部交付了柯尔特 M1909 型。M1909 型的产量只有 23 支，并受到普遍好评，但人们仍然担忧它缺少保险装置。因此，勃朗宁又回到了设计阶段，并推出了装有保险装置的 M1910 型。

1910 年 11 月，勃朗宁最新研制的柯尔特手枪与萨维奇

M1907 型在测试中展开竞争。结果，柯尔特手枪出现的问题远少于萨维奇公司的产品，技术专家向军方建议 M1910 型应该被选为标准装备。1911 年 3 月 29 日，这项建议正式获得批准，这种新型手枪就是 M1911 型。两年后，美国海军和海军陆战队也开始装备这种手枪。1912 年 1 月，第一批 M1911 型开始正式交付。

在密集射击测试中，M1910 型在两天时间里发射了超过 6000 发子弹，没有出现任何故障。当手枪出现过热时，只需要将它扔进水桶里冷却。

1911—1985 年，M1911 型及其衍生型号一直是美国军方标准的副武器。在这段时间里，美国政府总共购买了超过 270 万支原始 M1911 型和 M1911A1 型（最广泛的衍生型号，生产于 1924 年）。在第一次世界大战、第二次世界大战、朝鲜战争、越南战争等美国参与的所有战争中都能见到它的身影。

▼ 柯尔特 M1911 型已经成为历史上最广泛制造、复制和分布的手枪之一。尽管已经问世超过 100 多年，但美国特种部队仍然在使用它。

当 M1911 型被贝雷塔 9 毫米 92-F 手枪取代时，人们希望与各种北约部队使用相同的子弹会变得更加便宜。但是以前的教训再一次出现，9 毫米口径的击倒能力比不上 11.43 毫米口径子弹。直到今天，美国和其他国家的很多特种部队都一直在使用 M1911 型。

M1911 型深受设计爱好者的喜爱，在国际实用射击联合会（IPSC）、美国实用射击协会（USPSA）和国际自卫手枪协会（IDPA）等射击组织中也很受欢迎。M1911型还被改装推向民用市场，而且销量很好，尤其是那些容易隐藏携带的型号。

在生产的早期阶段，为满足军方的大量需求，尤其是在世界大战期间，很多公司都获得了生产授权。例如，从1917年到1930年间，这些公司包括卡隆兄弟公司、北美公司、斯普林菲尔德兵工厂、辛格·索英公司、雷明顿·兰德公司、联合开关和信号公司、雷明顿公司、巴勒斯公司、温彻斯特公司、兰斯顿公司、国家收音机公司和萨维奇公司。当美国在1917年4月进入第一次世界大战时，仅仅是柯尔特公司和斯普林菲尔德兵工厂的产量就超过68500支。

标准配置的柯尔特M1911型手枪的枪管长度为127毫米，总长为216毫米，重量大约为1.13千克，可拆卸弹匣的容量为七发。它表面采用烤蓝处理饰面，握把采用了条纹胡桃木。侧面有一些不同类型的标志，例如"UNITED STATES PROPERTY"或"MODEL OF 1911. U.S. ARMY."。为民用市场制造的型号则是印有以字母"C"为开头的生产编号。

▼ 柯尔特M1911型的剖面图，一发11.43毫米口径子弹已经进入弹膛准备发射。

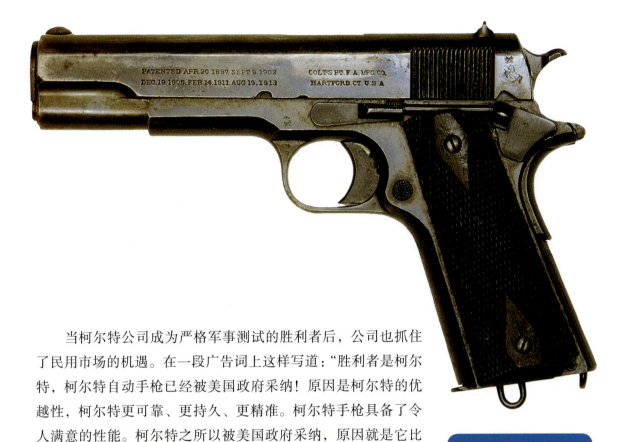

当柯尔特公司成为严格军事测试的胜利者后,公司也抓住了民用市场的机遇。在一段广告词上这样写道:"胜利者是柯尔特,柯尔特自动手枪已经被美国政府采纳!原因是柯尔特的优越性,柯尔特更可靠、更持久、更精准。柯尔特手枪具备了令人满意的性能。柯尔特之所以被美国政府采纳,原因就是它比其他任何一种手枪都更出色。"

到1919年底,M1911型的产量大约为70万支。在这段时间里出现过一些轻微的变化:第一,在1913年工程师对后照门进行了适当修改;第二,在1914年工程师对倒钩击锤进行了扩大和加长;第三,在1915年有一种加拿大生产的型号将口径加大到11.56毫米。在1916年讨伐墨西哥逃犯潘乔·维拉的战斗中,美国军队第一次在战场上使用M1911型手枪。

柯尔特M1911型手枪

时间	1911年
口径	11.43毫米
重量	1.13千克
全长	216毫米
枪管长度	127毫米
装弹	七发弹匣
射程	50米

荣誉勋章

在第一次世界大战的一系列事件中都表现出了M1911型的出色性能,当时在西线战场壕沟的近距离作战中,它凭借出色表现为自己赢得了极高的声誉。

1918年10月8日在法国北部沙泰勒谢埃里附近,阿尔

▲ 在第一次世界大战时期的法国某地，一名美国军官正在进行柯尔特 M1911 型实弹练习。注意他大腿右侧挂着一个枪套。

文·C.约克下士带领着由七名美国士兵组成的小队向固守的德国机枪阵地展开进攻。约克回忆道:"所有的机枪都在喷火似的射击,我周围的灌木丛不断被击落。德国人一直在大声叫喊,你一生中从未听到过如此吵闹的声音。我们没有时间躲在树后或潜入灌木丛。当机枪朝我开火的时候,我也开始反击并朝他们射击。他们的人数大约有30多人,都在不停地移动,我能做的就是尽可能快地将碰到的德国人消灭掉。我的射击很精准,我一直都在朝他们叫喊停下来,因为我不想再杀人了。但是他们仍然在射击,我便给了他们最好的回应。"

当约克射完所有的步枪子弹后,他拿起了11.43毫米柯尔特手枪,并迅速击毙了拿着刺刀枪冲向他的六名德国士兵。当战斗结束后,战斗简报这样写道:"约克击毙了28名并俘虏了132名德国士兵。"最终,约克被授予国会荣誉勋章。毫无疑问,约克的柯尔特M1911型手枪起到了重要的作用。

▼ 第一次世界大战期间,一群美国士兵的合影,他们手上都是柯尔特M1911型手枪。美国陆军和海军陆战队的标准副武器都是柯尔特M1911型。

柯尔特 M1911A1 型手枪

时间	1924 年
口径	11.43 毫米
重量	1.08 千克
全长	216 毫米
枪管长度	127 毫米
装弹	七发弹匣
射程	50 米

弗兰克·卢克中尉是一名很有声望的美国战斗机飞行员,由于他勇于攻击德国的观察气球,他赢得了"亚利桑那气球克星"的绰号。在 1918 年 9 月 29 日,卢克驾驶一架法国斯派德战斗机。他破坏了两个德国气球后,接着飞向第三个。当第三个被破坏后,他的飞机严重损坏,而且卢克本身也受重伤。但是,在迫降到敌占区前他还对一支德国步兵总队进行了扫射。

卢克的飞机在地面上滑行一段时间后停稳,接着一群德国士兵开始靠近。卢克决定不投降,他拿出了自己的 11.43 毫米柯尔特 M1911 型手枪,一直战斗到最后一刻。后来,卢克也获得了国会荣誉勋章。

凭借在第一次世界大战中的出色表现,M1911 型为自己赢得了很高的声誉。到 20 世纪 20 年代中期,工程师又提出了一些细微的改进方案,包括准星的宽度被加长;主击锤簧壳体增加了凸边并被抬高;扳机正面增加了凸边并被简化;机匣内多了一个明显的切口;握把保险装置上的柄脚有所延长。当所有的改进完成后,新型号被命名为 M1911A1 型。

一系列改进计划在 1923 年 4 月 20 日得到批准,并且美国政府在 6 月 12 日与柯尔特公司签订了 1 万支 M1911A1 型的采购合同。官方于 1924 年正式装备这种新型号。从 1926 年 3 月 3 日开始生产的 M1911A1 型,在弹匣释放钮上方的框架左侧通常

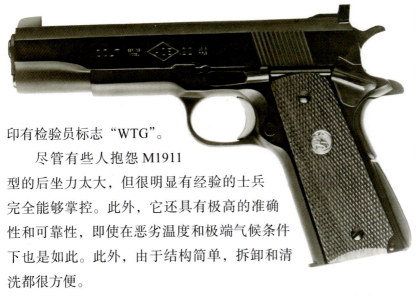

柯尔特 Service Ace 手枪	
时间	1931年
口径	5.56毫米
重量	1.19千克
全长	209毫米
枪管长度	120毫米
装弹	十发弹匣
射程	不详

印有检验员标志"WTG"。

尽管有些人抱怨M1911型的后坐力太大,但很明显有经验的士兵完全能够掌控。此外,它还具有极高的准确性和可靠性,即使在恶劣温度和极端气候条件下也是如此。此外,由于结构简单,拆卸和清洗都很方便。

在两次世界大战之间的十几年中,M1911型在民用市场和执法市场同样很受欢迎,使用它的执法部门包括美国联邦调查局、边境巡逻队和得克萨斯骑兵队。美国军械处的大卫·马歇尔·威廉姆斯研发了一种5.56毫米口径浮动枪管训练手枪,来模拟11.43毫米口径的巨大后坐力。这种训练手枪于1931年开始使用,并且到1937年它变成了柯尔特Service Ace手枪。第二年,公司推出了一个转换套件,这样它也能使用11.43毫米口径子弹。到1939年,Service Ace手枪是柯尔特公司生产线上价

柯尔特雷明顿 M1911型手枪	
时间	1917年
口径	11.43毫米
重量	1.08千克
全长	216毫米
枪管长度	127毫米
装弹	七发弹匣
射程	50米

格最昂贵的的产品，零售价为 60 美元 / 支。1942 年，由于战争急需大量 M1911 型，Service Ace 手枪的生产被迫停止，后来在 1947 年又短暂复产。1978—1982 年，5.56 毫米口径手枪再次被命名为柯尔特 Service Ace 手枪。

在第二次世界大战期间，由于枪支数量需求巨大，柯尔特公司无法满足需求，很多公司都获得了 M1911A1 型的生产授权，而且总产量将近 300 万支。除了柯尔特公司自己生产的 40 万支外，雷明顿兰德公司生产了大约 90 万支，伊萨卡公司生产了 40 万支，联合开关和信号公司生产了 5 万支，辛格公司生产了大约 500 支。第二次世界大战期间的 M1911A1 型的握把都是采用塑料材质，并且饰面也由烤蓝变成了磷酸盐处理。由于数量稀少，今天辛格公司的产品受到收藏家们的高度追捧。

从 1923 年开始到第二次世界大战结束，其间生产的 M1911A1 型可以通过序列号辨别出来，序列号从第一年的 700001 一直到延续到 1945 年的 2693613。其中在 1941—1945 年间的型号还印有一些其他标志，包括"Model of 1911 US Army"或"M1911 A1 US Army"或"United States Property"。

M1911A1 型还有一个独特的产品分支，即专门为将军级军官制造的型号。它们都是在 1943—1945 年间生产的，它们都配备有精美的皮带、肩带和弹匣袋。搭扣的连接处都装饰有美国国徽图案。

第二次世界大战结束后，艾尔·哈根记叙了他父亲在菲律宾遇到怀有敌意的土著人的故事。故事是这样的，他的父亲沃尔特·哈根中尉是一名美国海军俯冲式轰炸机的飞行员，当他完成对一艘日本驱逐舰的轰炸后，两架日本战斗机紧紧跟在后面朝他射击，后炮手被击毙。哈根成功迫降到海岸，后来回到美国向儿子讲述了他的遭遇。

他第一晚上是在菲律宾群岛一个岛屿上的丛林中简易机场上度过的。他和其他六名飞行员住在一个帐篷中，突然有几个土著人向他们靠近。其中一个土著人撤掉一块帐篷钻了进去，不断挥舞着自己的砍刀。一名飞行员拿起 M-1 加兰德步枪朝着这个土著人连射两枪，子弹击中敌人的胸部，左右两侧各一发。

▲ 第二次世界大战期间,美国陆军第三步兵师的一名士兵正在清洗自己的柯尔特 M1911A1 型手枪。美国陆军第三步兵师主要在地中海作战,这张照片应该拍摄于 1943 年或 1944 年的意大利或法国南部。

▶ 美国士兵正准备进入越南的隧道迷宫。当时越南建造了大量的隧道用来隐藏并发动突然袭击。那些敢于冒险进入隧道迷宫的美国士兵往往只携带一把柯尔特M1911A1型手枪。

但是土著人没有退缩，继续靠近并抓住了其中一名飞行员，举起了砍刀。此时，我父亲拿出11.43毫米口径M1911A1型手枪，向土著人的额头开了一枪。他瞄准的是两眼之间，但子弹却击中了右眼下部。一个土著人倒下后，震惊了其他人，他们也很快跑出了帐篷。

"那个拿着M1加兰德步枪的伙计第二天就换了一个M1911A1型手枪。多年来，我一直保留着那把砍刀和手枪，这把手枪也是我用过的第一把手枪，时间是在我8岁的时候。这个故事有两个寓意：第一，不管任何时候有人告我说M1911A1型手枪的后坐力太强，我都会认为他是一个胆怯的人，如果一个8岁的孩子都能操控，他们为什么不能；第二，在枪战中不要使用砍刀，即使这把砍刀很大。"

第二次世界大战结束后，政府取消了新造M1911A1型的合同，并集中力量改进和翻新现有的手枪。这些翻新手枪上会印有特殊的标志以表示在哪个兵工厂完成的翻新。例如"SA"代表斯普林菲尔德兵工厂，"RIA"代表罗克岛兵工厂。

尽管生产已经停止，但在朝鲜战争和越南战争中，美国的主要作战副武器仍然是M1911A1型手枪。尽管在官方中已经被替换，但是在1991年海湾战争和后来伊拉克和阿富汗的行动中仍然能见到它的身影。1983年10月3日，两名狙击手加里·戈登中士和兰德尔·舒加特上士在与索马里激进分子的战斗中壮烈牺牲。他们保护被击落直升机人员的战斗事迹在2001年被拍成电影《黑鹰坠落》，他们牺牲时手里拿着的正是柯尔特M1911A1型手枪。

第二次世界大战结束后，M1911型有大量存余，并且很多退役后的士兵都一直保留着自己曾经使用过的手枪。当射击运动变得流行后，很多标准的军用M1911A1型都被改装成运动射击手枪。经过多年的发展，市场上出现了很多种民用标准型号和运动射击标准型号。

民用市场

1911—1970年，柯尔特M1911型的基本设计几乎没有改

柯尔特MK IV 70系手枪	
时间	1970年
口径	11.43毫米
重量	1.08千克
全长	216毫米
枪管长度	127毫米
装弹	七发弹匣
射程	50米

柯尔特指挥官手枪

时间	1949 年
口径	9 毫米
重量	0.76 千克
全长	197 毫米
枪管长度	108 毫米
装弹	九发弹匣
射程	25 米

变。1971 年，柯尔特公司重新设计了枪管衬套，从实心圆柱样式变成了筒夹样式，紧抓枪管（枪管适当改进以适应衬套）后部。这样能显著提高新型 MK Ⅳ 系列的精准度，但精准度仍然比不上手工定制枪管和匹配衬套的型号。

柯尔特 MK Ⅳ 70 系列直到 1983 年才开始生产，而此时柯尔特公司已经将生产重心倾向于 MK Ⅳ 80 系列。在 70 系列中，公司将一个新型撞针安全系统融合进套筒内的一个小活塞内。当弹匣满载，弹膛内有子弹时，如果手枪无意间掉落或受到狠狠撞击，这个小活塞能挡住撞针，防止手枪走火。除非完全扣动扳机，手枪才会发射。到 1988 年，新技术和制造工艺的出现也预示着筒夹样式衬套的终结，后来柯尔特手枪又开始采用原来的圆柱枪管和衬套。

柯尔特 MK Ⅳ 70 系列有 9 毫米和 11.43 毫米口径型号，同时也有一种 9.65 毫米口径运动射击型号，并被命名为柯尔特超级指挥官手枪。与 80 系列相同，70 系列的小型固定照门也进行了修改。

今天，柯尔特公司呼吁过去时代 M1911 型的怀旧情结的同时，也推出了一种完全现代化的 70 系列手枪。11.43 毫米美学只有这两种型号能体现，当然每种型号也有一些细微差别，例如不锈钢或碳钢机匣和套筒，刷面或烤蓝处理饰面等。柯尔特公司宣称 M1911 型留下了丰富的遗产，从诺曼底登陆到越南的热带雨林都有它的身影出现。70 系列的发射系统完全忠实于第二次世界大战以前生产的 M1911 型。目前的 70 系列包括倒钩击锤、高轮廓瞄具、标准的退弹口、标准保险锁和握把保险，以及一个短的钢制扳机。

"指挥官"这个名字可以追溯到第二次世界大战刚结束的时期，当时美国政府进行了一系列测试希望找到一把可以替换掉军官手中 M1911A1 型的更轻便手枪。作为回应，柯尔特公司在 1949 年遵循政府的要求交付了第一支铝合金框架手枪，并将其命名为"指挥官"。柯尔特指挥官手枪是柯尔特公司第一种专门为 9 毫米帕拉贝鲁姆子弹（当时政府的要求）而研制的手枪，它的长度不超过 178 毫米，总量不高于 0.709 千克。

柯尔特公司再一次推出了改进后的 M1911 型，它的口径为 9 毫米，采用 114 毫米长的枪管，弹匣容量为九发。虽然测试结果政府没有用它替换掉 M1911A1 型，柯尔特公司的管理者还是对这种新型手枪很有信心，并在 1950 年推向市场。在第一年，公司也推出了 11.43 毫米口径型号。1970 年，柯尔特开始采用钢制材料，并将它重新命名为"战斗指挥官"。原来的铝合金型号被重新命名为"轻型指挥官"，并在编号前加上了前缀"LW"。新型战斗指挥官手枪的口径为 11.43 毫米，枪管长度为 114 毫米，全长为 197 毫米，重量为 1.02 千克，采用烤蓝或拉丝不锈钢饰面。

柯尔特 MK IV 80 系列手枪	
时间	1983 年
口径	11.43 毫米
重量	1.08 千克
全长	216 毫米
枪管长度	127 毫米
装弹	七发弹匣
射程	50 米

从 1972 年初开始，柯尔特公司开始制造一种轻型指挥官的新型号，它的口径为 11.43 毫米，弹匣容量为八发，握把由柯尔特独有的铝合金材料制成。它的重量仅为 0.765 千克。其他衍生型号包括战斗军官、金杯指挥官、不锈钢指挥官、目标战斗指挥官、双鹰战斗指挥官、隐藏携带军官和战斗精英等。在随后的众多手枪系列中，柯尔特公司定期推出指挥官和轻型指挥官型号的手枪。

柯尔特战斗精英手枪被认为是一把高质量的战斗手枪，它使用 11.43 毫米或 9.65 毫米口径子弹，它最显著的特点是带有

柯尔特标志浮雕的半条纹半光滑红木握把。其他特点还包括一个比赛级别的枪管、单侧保险锁、上翘扇形握把保险、诺瓦克瞄具和高强度锻造钢制框架和套筒。套筒和机匣上的双色调饰面形成鲜明的对比。

柯尔特金杯指挥官手枪是专门为国家射击比赛而研制的,它能发射11.43毫米或9.65毫米口径子弹,瞄具是可以调节的。握把采用一体式复合材料,表面采用烤蓝、磨砂或光亮不锈钢处理。它的枪管长度为127毫米,总长为216毫米,重量为1.02千克。使用11.43毫米子弹时弹匣容量为八发,使用9.65毫米口径子弹时弹匣容量为九发。

柯尔特隐藏携带军官手枪将指挥官手枪上的不锈钢套筒和枪管,与轻型指挥官手枪上的框架结合在一起。当时,隐藏携带手枪逐渐受到欢迎,因此柯尔特公司便在1985年推出了一种缩小版的M1911型手枪,并将它命名为柯尔特军官手枪,目标用户既有军事部门也有普通民众。

就柯尔特军官手枪而言,其实早在十年前美国政府罗克岛兵工厂就开始向陆军和空军军官提供这种缩小尺寸的M1911型手枪。1976年,Detonics公司开始推出一种紧凑型手枪,并将其命名为战斗大师手枪,它装有89毫米长的枪管和缩短的握把。柯尔特公司的管理层意识到,巨额利润正在进入竞争对手的口袋,因此很快就推出了柯尔特军官手枪,接着公司继续努力推出了铝合金框架的轻型军官手枪。轻型军官手枪的重量仅为0.737千克,比标准的军官手枪轻了大约284克。隐藏携带军官手枪问世于1991年,它除了有磷酸盐处理饰面外,还装有类似于80系列上的撞针保险装置。

柯尔特战斗精英手枪

时间	1970年
口径	11.43毫米
重量	1.02千克
全长	197毫米
枪管长度	108毫米
装弹	八发弹匣
射程	50米

柯尔特金杯指挥官手枪

时间	1957年
口径	11.43毫米
重量	1.02千克
全长	216毫米
枪管长度	127毫米
装弹	八发弹匣
射程	50米

1983年著名枪械专家约翰·D.杰夫中校研制出了10毫米子弹，他认为这种中速子弹比11.43毫米ACP子弹的弹道更平坦，射程更远。后来，恩斯&狄克逊公司对这种子弹进行了改进，并开始大量生产，然后应用到自己公司生产的Bren Ten手枪上。尽管Bren Ten手枪在商业上并不成功，但这种新型子弹仍然吸引了一些人的注意。其中一种缩小版的子弹在混乱中幸存下来，10毫米史密斯&维森子弹就是其中一种。

柯尔特公司也认为10毫米口径子弹有市场价值，与其他几家公司相同，它也研制了一种使用这种子弹的手枪，即柯尔特德尔塔精英手枪。柯尔特德尔塔精英手枪问世于1987年，它也是柯尔特公司生产的第一种10毫米口径手枪。柯尔特德尔塔精

柯尔特MK IV 80系列手枪

时间	1985年
口径	11.43毫米
重量	0.96千克
全长	190毫米
枪管长度	89毫米
装弹	七发弹匣
射程	25米

英手枪是基于 M1911 型的框架改装的，它采用了 80 系列的发射配置。与原始 M1911 型相比，它的主要变化包括指挥官样式的倒钩击锤和更硬的双股复进弹簧（应对 10 毫米子弹产生的强大冲击力）。

很多早期生产的柯尔特德尔塔精英手枪都有套筒导轨裂开的问题，后来工程师通过移除掉套筒停止切口顶部的部分套筒导轨解决了这个问题。尽管这种手枪受到狩猎者等常在野外活动的人的欢迎，但是柯尔特公司还在 1996 年决定停产，原因是它的销量没有达到预期，并且很多竞争对手都推出了更好的 10 毫米口径小型手枪。

生产中断 12 年后，柯尔特公司在 2008 年枪支展上再次推出了德尔塔精英手枪，在结构上有显著改变。新型德尔塔精英手枪在 2009 年 3 月进入市场，由于工程师发现没有衬套的枪管配置准确度低于预期，因此重新采用传统的枪管和衬套配置。此外，它还装有一个改进的复进弹簧和导杆。

自从问世以来，德尔塔精英手枪出现了几个不同的变种。最初的型号采用烤蓝和不锈钢饰面，条纹聚合物握把和结实的银铝合金扳机。第二种变体是金杯 Ten 型，其产量只有大约 500 支。第三种变体是 Match Ten 型，它问世于 1988 年，外观与金杯型很相似。Match Ten 型装有可调节米勒型瞄具，产量只有 400 支。第四种变体采用倒钩击锤和黑色硬聚合物握把。最后一种变体是 2009 年推出的。

20 世纪 90 年代初，柯尔特公司为卢霍顿公司专门研制了 Elite Ten Forty 转轮枪。它使用 10 毫米史密斯 & 维森子弹，公司还提供了完整的转换套件，使其可以方便地转变成使用 10 毫米 Auto 子弹和平坦的主击锤簧壳体。它的产量只有大约 400 支，序列号上都带有前缀"1040E"。套筒左侧还印有"ELITE TEN/FORTY"字样。

金杯版

俄亥俄州佩里营自从 1907 年就一直是美国国家步枪和手枪比赛之乡，而且柯尔特的产品（包括 M1911 型）曾经多次登上这里的舞台。1932 年，柯尔特公司基于军用标准的 M1911A1 型推出了 11.43 毫米口径 National Match 手枪。1932 年 1 月 27 日，第一批完成的手枪用船运到位于马里兰州柯蒂斯湾的美国

▼ 柯尔特德尔塔精英手枪的生产中断 12 年后，柯尔特在 2008 年枪支展上再次推出了新型号。为了提高精准度，公司重新采用了传统的枪管和衬套配置。

海岸警卫队。三年后，柯尔特公司又推出了 9.65 毫米口径的型号。National Match 手枪的生产以数小时的手工打造而闻名，搭配史蒂文斯千分尺瞄具，能达到极高的精准度。

柯尔特公司也将 National Match 手枪推向民用市场，但是第二次世界大战的爆发影响了公司的发展重心，National Match 手枪的生产也被迫停止。但是 1957 年柯尔特公司再次推出这种型号，并将其重新命名为金杯 National Match 手枪。新型号采用了更宽的竞赛可调节扳机。1965 年，工程师又在上面加装了平坦的击锤弹簧壳体、加大的退弹口和竞赛版瞄具。凭借严谨的制造工艺和严格的检验标准，这种手枪一直保持着精准度高的好名声。

最初新型金杯 National Match 手枪只有 11.43 毫米口径的型号，后来又出现了 9.65 毫米口径的型号。四种 National Match 手枪变体和后来的金杯 National Match 手枪的生产一直持续到 1976 年。最早 MK Ⅰ 型的生产从 1932 年到 1942 年；接着从 1957 年到 1960 年的是金杯 MK Ⅱ 型；从 1960 年到 1974 年的是 9.65 毫米口径的金杯 MK Ⅲ 型，其产量只有大约 7000 支。金杯 MK Ⅳ 型紧跟 M1911 型发射系统第一次重大改动而出现。最初这些 MK Ⅳ 型都采用烤蓝处理或镀镍饰面，后来随着 80 系

柯尔特金杯纪念版手枪

时间	1958 年
口径	11.43 毫米
重量	1.02 千克
全长	216 毫米
枪管长度	127 毫米
装弹	七发弹匣
射程	50 米

列发射系统的采用，变成了高光泽或磨砂饰面。

自从20世纪50年代的金杯系列推出以来，柯尔特手枪一直是世界上最好的半自动手枪。金杯手枪设定了竞赛精准度的标准，尤其是那些可能被从收藏盒或经销商橱窗里拿去射击场的手枪。今天金杯纪念版手枪的特点包括可调节瞄具、可调节宽扳机、National Match枪管、圆顶套筒、位置更低并向外展开的退弹口和条纹胡桃木握把或橡胶握把，握把上都有柯尔特的标志。

金杯纪念版或National Match手枪都采用烤蓝处理或拉毛饰面。它们都使用11.43毫米ACP子弹，枪管长度为127毫米，全长为216毫米，重量为1.19千克。金杯纪念版手枪的套筒左侧印有"COLT GOLD CUP TROPHY"字样和奖杯图案，套筒右侧印有"COLT GOLD CUP TROPHY MODEL"字样。National Match手枪的套筒侧面印有"SERIES'80 COLT MK Ⅳ GOLD CUP NATIONAL MATCH"字样和柯尔特公司的标志。

1992—1998年，柯尔特金杯使用德尔塔精英这个名字，也就是我们所熟知的德尔塔精英金杯手枪，最初它使用10毫米Auto子弹，后来换成使用10毫米史密斯&维森子弹。它的击锤脚上装有一个半翘起击锤保险装置和一个自动撞针保险装置。

▲ 柯尔特金杯纪念版手枪有多种不同的饰面，包括碳钢和拉毛无光泽饰面。

柯尔特双鹰战斗指挥官手枪

时间	1990 年
口径	11.43 毫米
重量	1 千克
全长	184 毫米
枪管长度	108 毫米
装弹	八发弹匣
射程	25 米

框架左侧有一个单保险栓，扳机护圈后部左侧是一个弹匣保险钮。德尔塔精英金杯手枪装有可调节后瞄具、一个可调节扳机停止器和一个条纹橡胶握把，握把上印有红色三角图案。

双动手枪

1989 年，柯尔特公司终于推出了第一把双动手枪，即柯尔特双鹰手枪。这种双动手枪的生产一直持续到 1998 年，能够发射 11.43 毫米 ACP、10 毫米 Auto、9.65 毫米 Super 和 9 毫米帕拉贝鲁姆子弹。本质上，双鹰手枪也是在 M1911 型设计的基础上研制的。大部分型号都只采用了不锈钢材料，但其中一种变体的军官型号则采用了烤蓝处理套筒和合金框架。

柯尔特双鹰手枪是柯尔特公司的工程师唐·库利在 1988 年设计的，很快在第二年这种手枪便进入生产。尽管从外观上看它与 M1911 型手枪很相似，但有几个方面存在明显的改进。工程师在空挂柄下面的框架左侧加装了一个控制杆，将它用作自动撞针保险装置。框架左侧的三角保险锁扣，以及握把保险装置都被取消。扳机护圈的位置被放低，以让射击感更舒适。不锈钢结构尽管会增加整体重量，却有助于吸收部分后坐力。它的条纹握把上印有柯尔特的标志，套筒上印有双鹰徽章和"COLT DOUBLE EAGLE"字样。

柯尔特双鹰手枪主要有四种型号，它们分别是双鹰 MK Ⅱ 90 系列、双鹰战斗指挥官、双鹰军官 ACP 型和双鹰军官轻便型。MK Ⅱ 90 系列问世于 1991 年，它的扳机系统经过稍微修改。双鹰战斗指挥官手枪在 1993 年还出现了一种使用 10.2 毫米口径史密斯 & 维森子弹的型号。

双鹰战斗指挥官手枪问世于 1990 年，它是一种紧凑型手枪。枪管从 127 毫米缩短到 108 毫米，总长由 216 毫米缩短到 184 毫米。军官型则更加紧凑，枪管长度只有 89 毫米。军官轻便型也使用 89 毫米长的枪管，但由于采用了更轻便的合金材料，重量减轻了 0.712 千克。

20 世纪 90 年代的新型号

到 1990 年，柯尔特公司遭遇财政危机，并被一群投资者收购。尽管面临挑战，但柯尔特公司还是推出了几种改进型和新产品以刺激销售。1991 年，柯尔特公司推出了一种全新的政府型手枪，它采用加大的退弹口，以及被称为"海狸尾巴"样式的加长握把保险。扳机护圈下部框架上刻有一个浅的手指槽，并且套筒顶部呈扁平状，后部有成角度的刻槽。

柯尔特政府型手枪

时间	1991 年
口径	11.43 毫米
重量	1.06 千克
全长	216 毫米
枪管长度	127 毫米
装弹	七发弹匣
射程	50 米

柯尔特特殊战斗政府型手枪

时间	2000 年
口径	11.43 毫米 ACP 或 9.65 毫米 Super
重量	1.08 千克
全长	216 毫米
枪管长度	127 毫米
装弹	八发或九发弹匣
射程	50 米

▶ 柯尔特定制商店提供三种流行饰面的特殊战斗政府型手枪,包括标准的烤蓝处理、镀镍和镀铬。特殊战斗政府型手枪也是基于著名的 M1911 型手枪研制的。

从 1991 年开始生产的政府型手枪能够使用 11.43 毫米 ACP、9.65 毫米 Super 和 10.2 毫米史密斯 & 维森子弹，但 1999 年后柯尔特公司决定只生产 11.43 毫米口径的型号。从 1997 年到 1998 年的很短时间里，公司还推出了使用 9 毫米 ×23 毫米温彻斯特 Super 子弹的型号。饰面采用烤蓝处理或不锈钢处理，握把由条纹硬橡胶制成，上面印有柯尔特的标志。2000 年以后，柯尔特公司推出了 XS 政府型，这是一种高档手枪，装有三面体作战瞄具、灵巧的保险钩锁和舒适的红木握把。后来工程师进一步改进，将其弹匣容量由七发提高到八发。

2000 年，柯尔特公司推出了新型 11.43 毫米口径特殊战斗政府型手枪，它装有 127 毫米长的枪管，高精准度博马千分尺瞄具或诺瓦克前后夜视仪，以及装有灵巧安全钩锁的八发容量弹匣。柯尔特定制商店也推出 9.65 毫米口径的型号，并且机匣和套筒都由碳钢材料制成，其饰面采用烤蓝或镀铬或镀镍处理。根据口径不同，弹匣容量为八发或九发。

第二次世界大战结束后，柯尔特公司就将产品重心放在了政府型手枪上，而且并不怎么关心经过考验的 M1911A1 型手枪，但是其竞争对手在"老式"手枪市场非常活跃。1991

柯尔特 M1991-A1 型手枪

时间	1991 年
口径	11.43 毫米 ACP 或 9.65 毫米 Super
重量	1.08 千克
全长	216 毫米
枪管长度	127 毫米
装弹	七发弹匣
射程	50 米

年，柯尔特公司恢复生产 M1911A1 型手枪，并将其命名为 M1991-A1 型。M1991-A1 型手枪采用 80 系列的发射系统，并被美国军方选中，这也是大约 80 年后美国军方再一次装备柯尔特手枪。M1991-A1 型手枪采用了较低的退弹口、倾斜弹匣口、大瞄具、长扳机和连续主击锤簧壳体。工程师对上膛坡道和枪管喉部进行了修改，以适应中空弹药。这些改进主要是定制需求的结果，这也帮助产生了"工厂定制"等名称。

早期的 M1991-A1 型手枪的目标市场为低价位市场，它带有亚光饰面和条纹硬橡胶握把，目的是为与斯普林菲尔德等公司制造的廉价仿制 M1911 型手枪相竞争。从 1991 年到 2001 年间生产的型号，套筒上都印有大大的"M1991A1"字样，但在此之后的型号换成了"Colt's Government Model"字样。

在今天的市场上有五种 M1991A1 型的变体。它们使用 11.43 毫米口径 ACP 或 9.65 毫米 Super 子弹，饰面采用烤蓝或绒化处理，或明亮的不锈钢。机匣和套筒采用不锈钢或碳钢材料，弹匣容量为七发（11.43 毫米口径）或八发（9.65 毫米口径）。握把由条纹聚合材料或条纹红木制成。

自从 M1991A1 型手枪问世后，柯尔特公司紧接着就推出了

柯尔特 XSE 轻便政府型手枪

时间	2000 年
口径	11.43 毫米
重量	1.02 千克
全长	216 毫米
枪管长度	127 毫米
装弹	八发弹匣
射程	50 米

几种变体型号，其中包括一种紧凑型。这种紧凑型手枪问世于 1993 年，它装有 89 毫米长的枪管和六发弹匣。此外，柯尔特公司还在 1996 年推出了一种 9 毫米 ×23 毫米运动射击版。M1991A1 指挥官型比普通型更紧凑，枪管长度为 114 毫米，总长度为 184 毫米。

XSE 系列的升级

最近，柯尔特公司继续推出其顶级的运动射击手枪，它更多地参考了用户的需求。搭配 XSE 套件，柯尔特公司的政府型和战斗指挥官型实现了很多升级。三种政府型和两种指挥官型都可以搭配 XSE 套件。

五种型号都采用 80 系列击发系统，使用 11.43 毫米口径 ACP 子弹，售价都在 1100 美元左右。XSE 政府型的特点是 127 毫米长的枪管、八发弹匣，不锈钢或铝合金或碳钢机匣，不锈钢或碳钢套筒，机匣和套筒饰面采用烤蓝或拉丝处理，总长度为 216 毫米，采用不锈钢框架时的总重量为 1.13 千克，采用铝合金机匣时的重量为 0.822 千克。XSE 战斗指挥官型的特点是总长度为 197 毫米，枪管长度为 108 毫米，八发弹匣。机匣由不锈钢或铝合金材料制成，饰面采用烤蓝或拉毛处理，采用不锈钢框架时的重量为 0.949 千克，采用铝合金框架时的重量为 0.765 千克。

XSE 套件能让这些型号的性能优于标准的运动射击手枪。机匣和套筒由锻钢制成，并且套筒的前后边缘都有防滑纹。握

柯尔特 XSE 战斗指挥官型手枪

时间	2000 年
口径	11.43 毫米
重量	1.02 千克
全长	197 毫米
枪管长度	108 毫米
装弹	八发弹匣
射程	50 米

百年纪念版手枪

时间	2011 年
口径	11.43 毫米
重量	1.13 千克
全长	216 毫米
枪管长度	127 毫米
装弹	七发弹匣
射程	50 米

把由优质条纹红木制成，上面有上翘的"海狸尾"状握把保险和掌状物隆起。扳机护圈下部有一个显著的断层，有助于使用者更好地握住握把。它左右两侧都装有保险装置，以方便不同习惯的使用者。一体式全长套筒，以及放低和向外扩展的退弹口有助于使用者操作。三孔镂空铝合金扳机和强化倒钩扳机能展示出独特的视觉效果，让人们想起以前经典的 M1911 型。XSE 系列另一个成功的关键因素是安装了诺瓦克红外线瞄具。

XSE 政府型手枪问世于 2011 年，套筒上印有"100 YEARS OF SERVICE"字样。它采用 80 系列击发系统，握把由昂贵的黄檀木制成。

柯尔特 Rail 手枪

柯尔特公司将 Rail 手枪视为历史与现代的交汇。它具有类似 M1911 型的轮廓，这一点能够显示出它与柯尔特以及美国历史的显著联系。与历史的第二连接点是可以追溯到 20 世纪 80 年代早期的 M1913 型皮卡汀尼导轨。XSE 政府型是柯尔特公司

的最后一步,工程师在框架上凿孔并安装导轨,以迎合执法人员和设计爱好者的喜好,让它成为一种顶级的自卫手枪。

柯尔特 Rail 手枪有很多特点,包括前后套筒防滑纹、标准枪管、降低和向外扩展的退弹口、三孔铝合金扳机、上翘的"海狸尾"状握把保险、扩展保险闭锁、强化击锤、诺瓦克红外瞄具。皮卡汀尼导轨是一种多功能套件,可以安装高倍光学、顶光、激光设备或其他工具。柯尔特 Rail 手枪使用 11.43 毫米 ACP 子弹,使用八发弹匣。握把由黑硬橡胶或红木制成,机匣和套筒由不锈钢制成,饰面采用烤蓝或拉毛处理。

柯尔特 Rail 手枪	
时间	2011 年
口径	11.43 毫米
重量	1.03 千克
全长	216 毫米
枪管长度	127 毫米
装弹	八发弹匣
射程	50 米

军用 Rail 手枪

尽管美国军方早在 30 多年前将就用 9 毫米贝雷塔 M9 手枪替换掉了柯尔特 M1911 型手枪,但某些特殊部门仍然装备 M1911 型的现代版本,这些部队包括海军陆战队特别行动队、海军陆战队特种部队、海军陆战队特别反应队和海军陆战队手枪行动队。

2012年7月20日，柯尔特公司从美国海军陆战队获得了4036支Rail手枪的合同，后来合同数量扩大到12000支。这种手枪被军方命名为M45A1 CQBP型近距离作战手枪。2010年，海军陆战队司令部寻求一种替换设计，以取代老式的11.43毫米口径手枪。除了柯尔特公司，斯普林菲尔德兵工厂和卡尔·李帕德公司也参与了竞争，但最后柯尔特公司赢得了竞争。

M45型近距离作战手枪是柯尔特公司在第二次世界大战后向美国军方交付的第一种新型柯尔特M1911型手枪。M45型也延续了柯尔特公司与美国海军陆战队的联系，两者的联系可以追溯到100年前。两者的联系一直持续至今，没有中断主要是由于海军上校罗伯特·杨的努力，他在20世纪80年代末就认识到M1911型手枪必须升级才能满足20世纪后半叶和21世纪的战场环境，而且杨的很多设计建议都已经纳入到M45型的设计中。

在2012年的一次记者招待会上，柯尔特公司的CEO格里·丁克尔讲道："这的确是一个令人满意的合同奖励。在美国军方首次使用M1911型手枪101年后，他们再次决定装备M1911型现代版手枪。这说明了M1911型具有出色的性能。柯尔特公司希望继M1911型之后再次与美国军方展开大规模合作。"

在这几年中，为了保持现有M1911海军型处于正常运转状

柯尔特M45A1 CQBP型手枪

时间	2012年
口径	11.43毫米
重量	1.27千克
全长	216毫米
枪管长度	127毫米
装弹	七发弹匣
射程	50米

第三章　M1911型和半自动手枪　155

▲ 美国海军陆战队海上突击部队第31小队士兵正在练习使用柯尔特M45A1型手枪。

态，工程师从很多来源寻找零部件。在 2002 年，人们注意到位于弗吉尼亚州匡蒂科的海军精密武器部门使用新部件制造新型手枪，这些新部件来自很多公司，包括斯普林菲尔德、诺林、诺瓦克、威尔逊等。通常发射 10000 发子弹后就需要进行翻新，在 2003 年以前在翻新过程中几乎所有的框架零部件（大部分都制造于第二次世界大战时期）都会被替换掉。最近几年，民用领域也能找到一些翻新手枪。

海军精密武器部门以前曾经装备标准的柯尔特 M1911A1 型手枪，这些手枪都是从库存中挑选出来的，并经过翻新和升级。它们有许多新的特点，包括拇指拔杆保险装置、圆形击锤、握把保险装置、轻型扳机、强化的高质量瞄具和三点氚光纤准具、127 毫米长枪管、佩斯梅橡胶握把和不锈钢弹匣。有趣的是，这些手枪部件都是手工制作的，而且不能互换，人们更多将它们视为一种"定制"手枪。

柯尔特 M45A1 CQBP 型手枪使用了一种双股复进弹簧系统，该系统能显著减小 11.43 毫米口径子弹产生的强大后坐力。套筒左侧印有"COLT USMC"字样，右侧则是"Colt Government Model"字样。

2010 年，美国海军陆战队发布了对新型手枪的要求，新型手枪必须具备以下特点：便于操作，有较高的使用率，维护起来要简单，在高频操作下仍然保持良好的性能。要求进一步指出，它应该是一把使用 11.43 毫米 ACP 子弹的半自动手枪，使用单排弹匣，弹匣容量为七发，并且可以与当时海军装备的 11.43 毫米子弹和弹匣兼容。据一些专家分析，海军是带着怀旧情缘寻找这种手枪，他们努力让柯尔特公司的产品入围。

通过柯尔特定制商店，柯尔特 M45A1 CQBP 型手枪也出现在了民用市场上。在民用市场上它被命名为 M1070 CQBP 型手枪，手枪零部件的公差要求与军用型号完全相同。套筒和框架由锻造不锈钢制成，外观配色采用土黄色。枪管下部装有皮卡汀尼导轨，以及平坦防滑纹主击锤簧壳体和挂绳环，它们能体现出手枪的军事血统。

柯尔特 M45A1 CQBP 型手枪上的皮卡汀尼导轨可以安装最

先进的激光、灯光和光学设备,而且它本身也是一种简单实用的工具。这种导轨最初是由 A.R.M.S. 公司和德国 Otto Repa 公司合作研制的,它的名字取自新泽西州的皮卡汀尼兵工厂,正是在这里完成了这种军用级别导轨的研发和测试。

皮卡汀尼导轨本身由很多脊条组成,上面有 T 型截面和散开的槽口。使用者安装设备时需要将设备滑动到安装位,再用螺栓固定住即可。

轻型手枪

从最早的时候,柯尔特公司就生产了很多轻型且便于携带的转轮枪、单发手枪和半自动手枪。从早期的 Derringer 大口径短枪到各种口袋型手枪,这些轻型手枪都被视为柯尔特完整武器生产线上不可缺少的重要组成部分。第二次世界大战结束后,随着新型轻便材料的出现更是极大地推动了轻便武器的发展,这里所谓的"轻便"既可以指重量,也可以是口径,或者两者都是。

柯尔特 Junior 手枪是柯尔特公司与西班牙阿斯特拉公司在 1958 年合作研制的,有 5.56 毫米和 6.35 毫米口径两种型号,它

的销量非常出色，截至 1973 年停产前，总产量达到了 14 万支。在 Junior 手枪停产前夕，柯尔特公司还与 FIE 公司（迈阿密枪械进出口公司）合作生产 Junior 手枪。

阿斯特拉或 FIE 公司生产的柯尔特 Junior 手枪也被称为 Astra Cub 或 FIE's "The Best" 手枪。它全长只有 112 毫米，枪管长度仅为 58 毫米，尺寸非常小，完全能够放置进一个手掌大小的口袋里。它的弹匣能容纳六发子弹，当然如果提前将一发子弹上膛，它就能连续发射七发子弹。

柯尔特 Mustang 手枪符合真正意义上的"迷你手枪"，这种 9.65 毫米或 9 毫米口径的手枪经过 17 年的生产，一直是柯尔特隐藏携带手枪的焦点产品，如今它已经成功融入了 80 系列击发系统和不锈钢框架。在大部分生产时间里它的弹匣容量都为五发，但是 1992 年以后弹匣容量增加到六发。此外，1988 年推出的 Mustang Plus II 手枪则使用七发弹匣。

柯尔特 Mustang 手枪的配置与其他较大的柯尔特手枪很相似，框架左侧装有一个保险钩锁，扳机护圈后部左侧装有一个弹匣保险，但它并没有握把保险。照门是固定式的，准星则是斜坡式的。

柯尔特 Junior 手枪

时间	1983 年
口径	9.65 毫米
重量	0.60 千克
全长	152 毫米
枪管长度	83 毫米
装弹	六发弹匣
射程	18 米

1987年，柯尔特公司推出了Mustang口袋版手枪。由于它采用了更轻便的铝合金材料，重量仅为354克，比标准的Mustang手枪轻了240克。枪管长度也由83毫米缩短至70毫米，全长仅为140毫米，比标准型号短了近13毫米。到1999年，Mustang Plus II手枪正式停产，而标准的Mustang手枪和Mustang口袋版手枪的生产仍然持续。Mustang手枪最终的停产时间是2000年。

经过11年的沉寂后，柯尔特公司在2011年再次推出了两种型号的Mustang手枪，分别是Pocketlite和XSP型。这两种型号都使用9.65毫米口径Auto子弹和六发容量弹匣，两者存在一些差别，XSP型的机匣由聚合材料制成，而Pocketlite型的则是采用了铝合金材料。两种型号的套筒都采用了不锈钢材料，Pocketlite型的外观采用拉毛处理，而XSP型则点缀有类似钻石的装饰。

XSP型的握把与框架是一体的，而Pocketlite型的则是组合起来的，上面都印有柯尔特的标志。另一个区别在于重量，Pocketlite型的重量为354克，XSP型的则是335克。XSP型装

柯尔特Pony Pocketlite手枪

时间	1997年
口径	9.65毫米
重量	0.34千克
全长	140毫米
枪管长度	57毫米
装弹	六发弹匣
射程	18米

有一个双面保险，而 Pocketlite 型则是标准的。两者的售价都没有超过 700 美元。

2008 年，瑞士的 SIG Sauer 公司开始生产 P238 型手枪，本质上讲它就是一把改装的 Mustang 手枪。

20 世纪 90 年代末，柯尔特公司推出了两种迷你手枪，它们分别是 Pony Pocketlite 型和 Pocket Nine 型。Pony Pocketlite 型问世于 1997 年，它发射 9.65 毫米口径 ACP 子弹，弹匣容量为六发。它装有不锈钢套筒和铝合金机匣，枪管长度为 57 毫米，总长度为 140 毫米，总重量仅为 368 克。它上面没有保险钩锁，但撞针保险是标准的，握把由条纹硬橡胶制成，上面印有柯尔特的标志。由于与 Mustang 手枪很相似，这在一定程度上影响了销量，它最终于 2000 年正式停产。

Pocket Nine 型问世于 1999 年，它采用了相同的铝合金机匣和不锈钢套筒。它使用八发弹匣，重量仅为 482 克。环绕霍格握把上有手指凹槽，但是由于轮廓较小，小指通常无法握住握把。由于尺寸较小并且发射子弹产生的冲击力过大，有些人认为这种手枪很难操控。

柯尔特 Z40 型手枪

时间	1998 年
口径	10.2 毫米
重量	0.90 千克
全长	203 毫米
枪管长度	114 毫米
装弹	十发弹匣
射程	23 米

Tac Nine 型使用 9.65 毫米子弹，本质上讲它是一把 Pocket Nine 型的高档版。2000 年随着柯尔特公司对生产线进行重组，Pocket Nine 型和 Tac Nine 型的生产也被暂停。

近年来，柯尔特公司在手枪研发中投入了大量的人力和物力，但并未在市场上取得令人满意的立足点。其中一种型号就是所谓的 Smart 手枪，这种手枪的概念阶段可以追溯到 1996 年，而且是柯尔特公司研发的几种原型枪中的一种。柯尔特公司将重心放在了执法市场，因为统计数字显示很大比重的执法人员伤亡是被自己携带的手枪所致（在冲突中，他们的手枪被对方夺去）。

随着在握把内嵌入电子锁和传感器，让执法人员戴上电子臂章或腕带，只有两个信号源在 1.98 米范围内时，手枪才能发射。但是考虑到两个传感器的电池影响，该项目很快就被叫停。

Smart 手枪最初是在 Z40 型手枪（柯尔特公司与捷克 CZ 公司合作研制的）上安装电子传感器的一次尝试。而事实上，Z40 型手枪也显示出柯尔特双鹰手枪的销量令人失望。它是柯尔特制造双动手枪的第二次尝试，目标市场是执法部门，它发射 10.2 毫米口径子弹，使用十发弹匣，并装有一个固定后照门，框架和套筒分别由铝合金和不锈钢材料制成。它的枪管长度为 114 毫米，总长为 203 毫米，重量为 0.9 千克。

Z40 型手枪问世于 1998 年，只在美国进行了短暂的销售。很快，柯尔特公司与 CZ 公司的合作就停止了。奇怪的是，Z40 型手枪的外观很有国际范，套筒右侧印有"MADE IN THE CZECH REPUBLIC"的字样，左侧则是"Colt Mfg. Co., Hartford, CT, USA"字样。

柯尔特 2000 All American 是柯尔特公司推出的另一种使用 9 毫米口径子弹的双动手枪，它问世于 20 世纪 90 年代，但销量惨淡。它装有一个 114 毫米长的枪管，全长为 190 毫米，总量超过 0.9 千克。它的闭锁系统是一个独特的旋转管配置。

柯尔特 AM 2800 型手枪是一种 2000 All American 型的 15 发变体，它也采用了轻便的铝合金材料，总重量仅为 0.9 千克。

有些原始型号使用 83 毫米长的枪管和配套的枪管衬套、复进传导杆和复进弹簧。2000 All American 型最终在 1994 年停产，由于数量稀少，它们在收藏家中很受欢迎。

柯尔特防御者手枪

柯尔特防御者手枪首次出现在公司产品目录中的时间是 1999 年，很快它就成为人们认可的轻便紧凑型手枪。随后它又衍生出了很多变种，包括原始的防御者、防御者 .40 型、防御者 .40 史密斯 & 维森型以及防御者 Plus。最初的防御者手枪装有一个较高的握把保险，但很快就换成了较低的 XSE 样式握把保险，整个外观采用黑色亚光。在整个 1999 年，柯尔特定制商店总共出售了 20 支这种防御者手枪。防御者 .40 的销量不到 20 支。1999—2002 年，防御者 .40 史密斯 & 维森型的产量不到 2000 支。2003—2004 年间的防御者 Plus 则装有一个全尺寸握把。此外，卢霍顿公司还订购了 100 支使用 11.43 毫米口径 ACP 子弹的防御者手枪。

防御者和防御者 Plus 手枪都采用了 80 或 90 系列击发系统，而且为了方便兼容现有的弹匣射击，它们的框架尺寸与隐藏携带军官型手枪完全相同。霍格环绕橡胶握把上有手指槽，这样在发射 11.43 毫米口径的大威力子弹时，有助于增加稳定性。铝合金机匣上装有一个诺瓦克瞄具，而且上翘的"海狸尾"状握把更方便操控。机匣和套筒外观都经过了打蜡处理。此外，它还装有三孔镂空扳机和强化的击锤。

柯尔特防御者 90 系列手枪

时间	1999 年
口径	11.43 毫米
重量	0.68 千克
全长	171.5 毫米
枪管长度	76 毫米
装弹	七发弹匣
射程	25 米

柯尔特防御者 Plus 手枪

时间	2003 年
口径	11.43 毫米
重量	0.68 千克
全长	171.5 毫米
枪管长度	76 毫米
装弹	七发弹匣
射程	25 米

柯尔特 New Agent 90 系列手枪

时间	2007 年
口径	11.43 毫米
重量	0.65 千克
全长	171.5 毫米
枪管长度	76 毫米
装弹	七发弹匣
射程	25 米

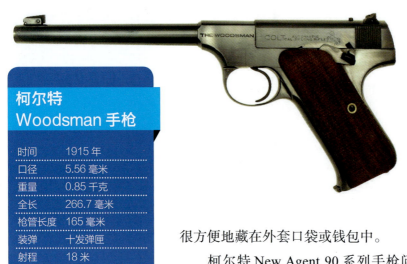

柯尔特 Woodsman 手枪

时间	1915 年
口径	5.56 毫米
重量	0.85 千克
全长	266.7 毫米
枪管长度	165 毫米
装弹	十发弹匣
射程	18 米

柯尔特防御者是一种轻便紧凑型手枪，它能使用多种口径的子弹，包括 11.43 毫米、10.2 毫米和 9 毫米。它的枪管长度为 76 毫米，全长为 171 毫米，重量仅为 0.68 千克。由于尺寸很小，它能很方便地藏在外套口袋或钱包中。

柯尔特 New Agent 90 系列手枪问世于 2007 年夏季，它使用 11.43 毫米 ACP 子弹，枪管长度为 76 毫米，总长度为 171 毫米。它保留了 80 系列上相同的撞针保险配置，但框架变成全部由轻便的铝合金材料制成，而且碳钢套筒也移除了衬套。

为了满足大众的需求，New Agent 90 系列手枪有一种改装方案，即移除标准的瞄具，进而使套筒顶部加宽 2 毫米左右。这样做的原因很简单，因为对于一把近战手枪来说，精准度往往显得不那么重要。

有些制造商也生产采用 80 系列击发系统的 New Agent 手枪，它们通常被称为 New Agent Lightweight 手枪。它有两种握把配置，分别是纤细的红木握把或深红色的聚合材料握把。铝合金机匣表面采用黑色阳极氧化处理，不锈钢套筒采用烤蓝处理，弹匣容量为七发。此外，它还装有标准的"1918"样式保险锁。

打靶手枪

柯尔特公司在打靶手枪和运动射击手枪领域一直有极高的声誉，其中比较典型的一种就是问世于 1994 年的国际枪械展会的 5.56 毫米口径柯尔特 Cadet 手枪。它由不锈钢材料制成，并装有标准的瞄具，并且枪管下面还装有一个强化的瞄准肋条。后来，工程师改用了长枪管和高质量瞄具，并将它命名为柯尔特 .22 Target 手枪。

柯尔特 Cadet 手枪和 Target 手枪都使用 5.56 毫米长步枪子弹，弹匣容量都为十发，但两种型号的产量都不高。Cadet 手枪的重量为 0.948 千克，Target 手枪则是 1.54 千克。尽管最初的售价都不到 150 美元，但由于数量稀少，在今天的收藏领域它们的价格都非常昂贵。

也许，最著名的柯尔特小口径半自动运动手枪应该算是 Woodsman 手枪。最初它是约翰·勃朗宁在 1915 年设计的，到 1977 年停产时（第二次世界大战时期生产被迫中断）共包括三个系列。1947—1955 年间，它的产量大约为 5.4 万支，它们都使用 5.56 毫米口径长步枪子弹和十发弹匣。

第一系列的生产时间是 1915—1941 年，它采用早期的 S 框架；第二系列的生产时间是 1947—1955 年，它采用第二种 S 形框架；第三系列的生产时间是 1955—1977 年，它采用第三种 S 形框架。第一系列的特点是外观上很像德国鲁格尔军用手枪，尤其是握把的锐角。它采用 114 毫米或 165 毫米长的枪管，握把由条纹胡桃木制成。

第二系列的 Woodsman 手枪在框架左侧靠近扳机护圈的位置装有一个空挂柄和弹匣释放钮。在第三系列的 Woodsman 手

柯尔特 Cadet 手枪

时间	1994 年
口径	5.56 毫米
重量	0.95 千克
全长	216 毫米
枪管长度	127 毫米
装弹	十发弹匣
射程	23 米

柯尔特 Woodsman 手枪

时间	1976 年
口径	5.56 毫米
重量	0.79 千克
全长	203 毫米
枪管长度	114 毫米
装弹	十发弹匣
射程	18.3 米

枪中，弹匣释放钮被移动至框架根部的扳机护圈后部。1960 年以前，握把由聚合材料制成，之后胡桃木握把重新出现。

早期的 Woodsman 手枪有三种型号，它们分别是 Sport 型、Target 型和 Match Target 型。Sport 型的枪管长度为 114 毫米；Target 型的枪管长度为 152 毫米或 168 毫米；Match Target 型在第一系列中的枪管长度为 168 毫米，第二次世界大战后型号的枪管长度为 114 毫米或 152 毫米。

小说家和冒险家欧内斯特·海明威要对今天 Woodsman 手枪的高声誉负一定责任。海明威写了很多小说，包括《丧钟为谁而鸣》《永别了，武器》《老人与海》。他在非洲狩猎过大型猎物，第一次世界大战时期在意大利前线当过救护车司机，第二次世界大战时期当过战地记者，在加勒比海域自己的游艇上狩猎德国 U 型潜艇。

海明威拥有多支 Woodsman 手枪，并在 1938 年写到这种手枪的出色表现："当面对多个敌人时，他应该拿出一支 5.56 毫米口径的柯尔特 Woodsman 手枪。我会建议他润滑一下枪管，以防止卡弹并确保子弹膨胀良好。"

"现在，站在拳击台一角，用一把 5.56 毫米口径手枪，尽管子弹重量很小，但膛口初速很快。我会确定能杀死对面角落的拳击手吉内·滕尼或刘易斯……"

海明威两支 Woodsman 手枪中的其中一支是 1953 年在阿伯克比龙与菲奇购买的，在 1981 年的一次克里斯蒂拍卖会上拍出了 3.8 万美元的高价，接着在 2007 年，詹姆斯·D. 茱莉亚又花费 10925 美元购得。这一把手枪是第二系列的 Match Target 型，它装有 152 毫米长的枪管和条纹胡桃木握把。最近一次交易发生时，伴随的一份来自阿伯克比龙与菲奇的记录显示，海明威购买这把手枪的时间是 1953 年 6 月 25 日，柯尔特公司的记录也显示这把手枪首先卖给到了阿伯克比龙与菲奇，而且其他信件也能证明这把手枪出处的真实性。

柯尔特 Challenger、Huntsman 和 Targetsman 手枪外观上与 Woodsman 手枪完全相同，但售价更低。Challenger 手枪问世于 1950 年，它采用 114 毫米或 152 毫米长的枪管，它没有空挂柄，弹匣释放钮则位于握把底部，截至 1955 年停产时，它的总产量为 7.5 万支。Huntsman 手枪的生产时间是 1955—1977 年，最初是复合材料握把，接着又换成了胡桃木握把。Huntsman 手枪的产量大约为 10 万支。Targetsman 手枪算是一把升级版的 Huntsman 手枪，它问世于 1959 年。

柯尔特 Huntsman 手枪

时间	1955 年
口径	5.56 毫米
重量	0.85 千克
全长	266.7 毫米
枪管长度	165 毫米
装弹	十发弹匣
射程	23 米

▲ 在靶场上，美国军官正在仔细检查柯尔特 - 勃朗宁 M1895 型机枪，即俗称"土豆收割机"。勃朗宁的设计搭配柯尔特的生产让它们实现了双赢，在枪械领域获得了极高的声誉。

第四章
机枪、步枪和突击步枪

从一开始，步枪和猎枪等长管武器就成为柯尔特公司产品目录的重要组成部分。事实上，柯尔特最开始研制的武器是旋转式手枪和旋转式步枪。柯尔特环杆步枪是柯尔特公司在新泽西帕特森工厂的第一种量产武器，比帕特森转轮手枪的量产时间还要早。

1837—1841年间，柯尔特公司生产了两种型号的环杆步枪，环杆步枪的名字取自扳机前方的独特环形杠杆。当杠杆被拉动时，弹膛会被推到击发位置，隐藏的内置击锤就会被翘起。

First Model 环杆步枪的生产时间是 1837—1838 年，它采用 813 毫米长的枪管和圆形扳机护圈。顶框位于八发转轮顶部，口径包括 8.64 毫米、9.14 毫米、9.65 毫米、10.2 毫米和 11.17 毫米，但数量都不多。大部分型号除了枪管涂成棕色外，其他暴露的金属部件都经过烤蓝处理。First Model 步枪的产量非常稀少，但非常精美，上面雕刻有狩猎鹿的场景，在托腮板处还有一个装饰嵌入物。最初弹膛是方形的，后来逐渐变成了圆形。

First Model 环杆步枪的战场评价并不高，原因是它结构复杂，故障率很高。尽管如此，在第二次塞米诺尔战争期间（1835—1842 年），美国军方仍然订购了 50 支。

柯尔特环杆步枪

时间	1837 年
口径	8.64 毫米
枪管全长	810 毫米
发射机制	单发
装弹	八发转轮
射程	182 米

Second Model 环杆步枪的生产时间是 1838—1841 年。它与 First Model 的区别是，拆除了顶框并加装了一个顶部压弹杆，而且在复进护罩上增加了一个帽状槽口，转轮边缘也变成圆形。

First Model 和 Second Model 环杆步枪的产量都很少，分别为 200 支和 500 支，在今天的收藏领域它们都非常昂贵。

美国政府还订购了柯尔特 1839 卡宾枪，但订单的数量都不超过 100 支。在官方，它被称为塞缪尔 - 柯尔特 M1839 型帕特森转轮撞击式卡宾枪，事实上这种步枪为柯尔特公司赢得了第一份政府合同。1838—1841 年间，它的产量大约为 950 支，其中很多在第二次塞米诺尔战争期间（1835—1842 年）用船运到佛罗里达州。此外，美国海军还订购了大约 360 支，美西战争时很多美国海军士兵就装备了这种武器。尽管战场和外部评价都很好，但由于生产成本很高，导致它的销量并不好。

长管武器的成功

19 世纪 50 年代中期，柯尔特在康涅狄格州成立了自己的公司，1855 年公司最著名的长管武器 M1855 型转轮卡宾枪 / 步枪获得批准开始量产。1856—1864 年间，M1855 型转轮步枪的总产量为 4435 支，口径有 9.14 毫米、11.17 毫米和 14.22 毫米，枪管长度有 381 毫米、457 毫米、533 毫米和 863 毫米的型号，其中绝大部分都在美国内战期间被北方联邦购得，平均售价为 44 美元。

14.22 毫米口径的型号使用五发转轮，而其他口径较小的型号则使用六发转轮。不管是哪种口径，这种步枪在战场上都能提供显著的火力优势。尽管人们很早就发现它存在一些缺点，但他们仍然决定缩短步枪的长度以适合骑兵、后勤和指挥部队。

当 M1855 型步枪问世时，在某种程度上它是领先的，相同类型的长管步枪在 20 年后才在美国西部普及。转轮采用封闭框架设计并且是带槽的，被放置在坚固的手枪握把下面，周围是宽的椭圆护圈。弯曲的枪托符合人体工程学设计，射击时可以紧贴在肩膀上以降低后坐力的影响。

M1855 型步枪存在的最严重的问题是，弹药可能会卡在步枪内，炸膛会对使用者造成伤害。研究发现，反复射击后残留的气体会逐渐增多，温度和压力急剧升高最终导致灾难性的后果，例如上膛的子弹突然射向某处。

美国军方曾颁布命令让士兵警惕这个问题，建议士兵尽可能只进行单发射击，减小事故发生的概率。事实上，这种要求会完全消除转轮步枪的火力优势。

在美国内战期间，北方联邦装备的 M1855 型步枪表现非常出色。著名的伯丹神枪手军团、第 21 俄亥俄志愿兵团和第 9 伊利诺伊骑兵团使用的就是这种 M1855 型步枪。虽然 M1855 型步枪一直存在连续射击问题，但直到美国内战结束后这种连发步枪的良好声誉才开始大幅度衰退。

伯丹神枪手军团属于正规军，而不是志愿兵或民兵，它的官方番号为美国第 1 和第 2 神枪手团。他们身穿独特的绿色制服，在美国内战期间参加了 65 场主要战斗，而 M1855 型就是他们使用的第一种连发步枪。他们非常欣赏这种步枪的出色火力优势，但为了降低风险使用时也得小心翼翼。

1862 年春季，夏普斯连发步枪取代了伯丹神枪手军团手中的 M1855 型步枪，并且在钱斯勒斯维尔和葛底斯堡战役中他们都使用夏普斯连发步枪。1865 年，美国政府下令将库存的 M1855 型作为战争剩余物资出售，以收回部分成本。

1863 年 5 月，第 21 俄亥俄志愿兵团八个连队中的六个都使用 M1855 型步枪，而当时神枪手军团的装备早已经换成了夏普斯连发步枪。剩余的两个联队则使用英国制造的恩菲尔德前装枪。俄亥俄的士兵很快就发现了 M1855 型五发连发步枪的装弹速度明显快于以前的前装步枪。

第 21 俄亥俄志愿兵团熟练掌握了 M1855 型步枪的使用方

▲ 海勒姆·伯丹上校在美国内战期间指挥北方联邦的精英神枪手军团。他还是一名出色的步枪设计师和工程师,并设计了以自己的名字命名的步枪。

法，当时几乎没有连发故障或转轮爆炸的事故记录。在 1863 年 9 月 20 日的奇克莫加战役中，M1855 型连发步枪在俄亥俄士兵手中完全证明了自己的价值。

坎伯兰的联邦军队从奇克莫加阵地上仓皇撤退，兼具勇气与智慧的乔治·H. 托马斯上将从彻底的溃败中拯救了部队。托马斯在斯诺德格拉斯山的一角重新建立起防御线，联邦军队坚守这条防御线让坎伯兰的大部队安全到达田纳西州的查特怒加市。

第 21 俄亥俄志愿兵团在掩护联邦军队撤退中发挥了关键作用，当南方军队对撤退的敌人穷追猛打时，他们坚守防御线的右翼。连发步枪在南方军队面前发射出一团团火焰，他们没有想到敌人的武器有这样出色的持续火力。

整个下午，第 21 俄亥俄志愿兵团一直坚守阵地，用他们手中的 M1855 型步枪不断射向一次次冲锋的敌人。一名被捕的南方士兵看到防御的部队后非常吃惊，他说："我们都以为这里是你们的主力部队呢！"

斯诺德格拉斯山的防御战中，第 21 俄亥俄志愿兵团有 48 人牺牲，超过 100 人受伤，还有 116 人在安全撤离前被俘。尽管如此，他们掩护大部队安全撤离，M1855 型步枪的出色表现功不可没。

在美国内战时期，柯尔特公司还制造了 M1861 型步枪，通常被简称为"柯尔特 Special"。柯尔特宣称这种长管步枪融合了恩菲尔德 M1853 型步枪和斯普林菲尔德 M1861 型步枪的最好属性。事实上，它就是一把重新设计的斯普林菲尔德步枪，因为此前柯尔特从破产的罗宾斯 & 劳伦斯公司购买了相关图纸。从 1862 年 9 月开始，柯尔特公司总共生产了 131000 支 M1861 型步枪。

柯尔特的霰弹枪

柯尔特在对转轮手枪和步枪感兴趣的同时，也在研制霰弹枪。在将近十年的生产时间里，柯尔特公司总共制造了大约 1100 支大框架 10 号口径 M1855 型转轮霰弹枪。在外观上，M1855 型转轮霰弹枪就是一根圆管，圆管后部装有一个八角形部件。胡桃木枪托把上有精美的雕刻，枪托底板上刻有铭文，例如"COL. COLT HARTFORD CT. U.S.A."。

1878—1889 年，柯尔特公司生产了 M1878 型 Hammer 霰弹枪。这种 10 号口径霰弹枪装有防滑纹胡桃木枪托，合金枪管和附件的长度为 762 毫米。两块锁板通常会刻上制造商的名字，例如"Colt's Pt. F. A. Mfg. Co."。序列号会刻在螺栓间的低柄脚处，也会刻在木制护木内的金属板上。并排式霰弹枪双枪管采用烤蓝或褐变处理，在美国西部公共马车的警卫手中经常能看到它们。

在那个时代，美国陆军军官会定期为自己采购枪型，曾经的营销天才柯尔特肯定不会错失这个机会，他提出了一个很有吸引力的营销方式，购买两支枪（M1878 型 Hammer 霰弹枪或后续的 M1883 型 Hammerless 霰弹枪）可优惠 25%。M1883 型 Hammerless 霰弹枪也是一种并排式双管霰弹枪。

M1878 型 Hammer 霰弹枪有两种型号，第一种型号的特点是双底螺栓以及带有六边形螺母的早期活塞式撞针，并且没有肋条外展。第二种型号的特点是实心头活塞撞针、圆头肋条外展和改进的中止钩锁。M1878 型有 10 号和 12 号两种口径，并分为几个等级。在 12 年的生产时间里，美国以及国外制造商共生产了 22683 支。

在 20 世纪 60 年代，柯尔特公司推出了不同等级的双管、泵动式和半自动霰弹枪。为了打开霰弹枪市场，柯尔特公司还进口一些型号，并重新贴牌当作自己的产品出售。例如，柯尔

柯尔特 M1855 型步枪

时间	1855 年
口径	14.22 毫米
发射机制	撞击式火帽
装弹	五发或六发转轮
射程	365 米

特公司与意大利的弗兰基公司签订合同制造廉价的铝合金框架泵动式霰弹枪，而制造所需的零部件则来自法国公司，然后柯尔特公司再贴上自己的标牌出售。

柯尔特 Coltsman 泵动式霰弹枪的口径有 12 号、16 号和 20 号，枪管长度可以是 660 毫米、711 毫米和 762 毫米，此外它还有四发管状供弹版本。它的生产时间是 1961—1965 年，但数量非常稀少，大部分都被收藏家购得，即使最基本的型号也不低于 500 美元。

柯尔特的半自动霰弹枪是 1967 年问世的防御者 MK I 型。防御者霰弹枪的构造很独特，包括八根枪管，每根枪管的口径为 20 号，长度为 76 毫米。它的设计者是罗伯特·希尔伯格，他将设计理念展示给了柯尔特公司，在开始量产前，柯尔特公司还进行了一项市场调查来了解这种霰弹枪的市场潜力。在实战中，它的火力和稳定性经受住了考验，并且很多执法部门都对它感兴趣，但是由于当时经济不景气，柯尔特公司很快终止了计划，它最终于 1971 年停产。

双动撞击式防御者 MK I 型的概念是完全可行的。它的重量仅为 3.9 千克，全长为 450 毫米，枪管长度为 305 毫米。它的铝合金机匣带有钢制嵌体，外表采用环氧树脂烤漆，更加经久耐用。它有四种衍生变体：第一种是带有枪管选择器和催泪弹霰弹筒；第二种是在扳机和枪管间装有催泪弹霰弹筒，让使用者不需要发射霰弹就能发射催泪弹——一种非致命的暴乱控制选项；第三种是在旋转击锤上有一个枪管选择器，让使用者可以选择发射八个枪管中的任意一个；第四种是没有任何附属设备的简化型号。

柯尔特 M1878 型 Hammer 霰弹枪

时间	1878 年
口径	10 号或 12 号
重量	3.4 千克
枪管长度	762 毫米
布局	并排式，双管
射程	137 米

杠杆式步枪

在 19 世纪 80 年代中期，柯尔特公司进行了一次尝试，试图进入杠杆式步枪市场，但是时间很短暂，最终只有一种产品——柯尔特 Burgess 步枪成功问世。1883—1885 年间，这种杠杆式步枪的产量只有 6403 支。Burgess 步枪的名字来自美国发明家和设计师 Andrew Burgess（安德鲁卡·布奇斯），他设计了这把步枪，并将自己的设计卖给了柯尔特。

▲ 柯尔特防御者霰弹枪拥有八个 20 号口径的枪管，它问世于 1967 年，四年后由于经济萧条最终停产。

在结构上与温彻斯特 M1873 型杠杆式步枪类似，Burgess 步枪也有步枪和卡宾枪两种型号。步枪型号使用温彻斯特 11.17 毫米口径子弹，枪管长度为 648 毫米；卡宾枪型号使用相同的子弹，枪管长度为 508 毫米。两种型号都使用 15 发或 12 发管状弹仓，卡宾枪型号的数量较少，大约为步枪型号的 2/3。

Burgess 步枪比温彻斯特 M1873 型步枪略轻，原因应该是使用了较小的机匣。很多专家都认为 Burgess 步枪的弯头结合动作系统比温彻斯特 M1873 型步枪的更加耐用。温彻斯特步枪设计的主要问题是缺少一个能让子弹从弹仓进入枪膛的滑动门。Burgess 步枪通常采用胡桃木枪托，壳体外边缘采用退火处理，可使内部的钢保持柔软。枪管通常采用烤蓝或褐变处理。

在 16 个月的生产时间里，Burgess 步枪在杠杆式步枪领域的销量并不大，直到今天很多人都在纳闷为什么柯尔特公司这么快就决定停产。一种说法是柯尔特公司和温彻斯特公司间签订了一个君子协议,但这种说法从未被证实。据推测,这个协议的内容是两个制造商不要侵犯对方占据的市场领域。换句话说,柯尔特公司退出杠杆式步枪市场,以换取温彻斯特公司不会进入柯尔特已经占据的转轮手枪市场。

柯尔特 Burgess 步枪停产 80 年后,柯尔特公司还研制过另一种杠杆式步枪,即 Colteer 步枪。但这种步枪在 1962—1963 年间,即通过测试的阶段,它的口径为 5.56 毫米,枪管长度为 546 毫米,使用 15 发管状弹仓。但试验结果令人失望,项目很快就被终止,已经制造出了的极少数量受到收藏家们的追捧。

20 世纪 70 年代初,柯尔特公司和德国绍尔公司达成协议,让这家德国公司生产一种 7.62 毫米口径三发弹仓的栓动式步枪。1973 年,柯尔特 Sauer 步枪正式问世,在接下来 12 年里,它的总产量超过 1.6 万支。这种步枪深受狩猎者的欢迎,它还有发射其他类型子弹的型号,包括 NATO 7.62 毫米、雷明顿 5.56 毫米和韦瑟比 7.62 毫米子弹。

柯尔特 Sauer 步枪的重量仅为 3.6 千克,全长为 1111 毫米,枪管长度为 610 毫米。它使用高品质胡桃木枪托,上面印有柯尔特的标志。

柯尔特 Burgess 步枪

时间	1883 年
口径	11.17 毫米
重量	4.0 千克
全长	1090 毫米
枪管长度	648 毫米
装弹	15 发管状弹仓
射程	182 米

柯尔特 Sauer 步枪

时间	1973 年
口径	7.62 毫米
重量	3.6 千克
全长	1111 毫米
枪管长度	610 毫米
装弹	三发内置弹仓
射程	731 米

柯尔特 Lightning 卡宾枪

时间	1884 年
口径	11.17 毫米
重量	2.98 千克
全长	1039 毫米
枪管长度	508 毫米
装弹	十发管状弹仓
射程	182 米

泵动式步枪

1884—1904 年,柯尔特公司制造了泵动式 Lightning 步枪和卡宾枪。它有三种框架尺寸:小框架使用 5.56 毫米口径子弹,枪管长度为 610 毫米;中型框架步枪型号的枪管长度为 660 毫米,卡宾枪型号为 508 毫米;大框架步枪型号的枪管长度为 711 毫米,卡宾枪型号为 559 毫米。

中型框架 Lightning 步枪是柯尔特公司推出的第一种泵动式步枪,它使用十发管状弹仓,产量大约为 9 万支。

柯尔特 Lightning 泵动式步枪和卡宾枪在执法市场和运动射击市场的受欢迎程度远不及杠杆式步枪和卡宾枪。只有旧金山警察部门决定使用,此外一些体育部门也购买了很少的数量。Lightning 泵动式步枪能发射从 5.56 毫米的短头弹到 12.7 毫米口径的子弹。大框架步枪型号的生产时间是 1887—1894 年,产量大约为 6500 支。

机枪

约翰·勃朗宁是历史上最多产的枪械设计师之一,他在

1889 年设计了一款导气式机枪，接着在第二年将它送到柯尔特公司进行改进。六年后，柯尔特 - 勃朗宁 M1895 型机枪（绰号为"土豆收割者"）正式问世。M1895 型机枪也是同类型武器中第一种应用到军事领域的型号。

M1895 型机枪的运转系统与杠杆式步枪很相似，利用位于枪管下部的后铰杠杆，当后铰杠杆下摆并向后移动时，来实现整个运转动作。机枪设计中另一个发明是带有后锁功能的倾斜螺栓。

M1895 型机枪最初只使用 6 毫米口径子弹，但后来经过改装可以使用多种类型的子弹，包括 7.62 毫米和 7 毫米子弹。它是第一种满足美国军方装备要求的机枪，并被广泛安装在船舶和飞机上。它使用 240 发弹带，射速可达 450 发 / 分钟，膛口初速最高为 853 米 / 秒。

尽管 M1895 型机枪的射速比不上当时其他的一些机枪，但

▼ 一挺早期柯尔特机枪被安放在汽车上，这张照片拍摄于 1914 年的爱尔兰阿尔斯特。

它的设计更简单,部分原因是采用了风冷枪管。风冷枪管设计能显著减轻重量,比同时期的水冷机枪寿命更长。它本身的重量仅为 15.8 千克,底座和三脚架总重量为 25.4 千克。它的总产量大约为 4 万挺。

美国海军都认为 M1895 型机枪不但可靠而且用途广泛,但是美国陆军从来没有正式装备。M1895 型机枪参加了很多战斗,包括美西战争、菲律宾-美国战争和第一次世界大战,1916 年,它正式从美国军队中退役。还有一些 M1895 型机枪出口到国外,1916 年柯尔特公司停产后,马林-罗克韦尔公司开始为沙俄和意大利海军制造这种机枪。

在第一次世界大战期间,几个国家都装备有 M1895 型机枪。在 1915 年的第二次伊普尔战役,加拿大第 13 联队机枪小队的一等兵弗雷德里克·费舍尔在比利时的圣朱利安村附近防御一个据点。其他加拿大部队防御德国的进攻时,费舍尔和他的战

▼ 在 1915 年的美国国家安全准备会上,几名士兵在展示操作柯尔特 M1895 型机枪。会议举行的时间是一战中期,两年后美国正式进入一战战场。

友坚守防线，有效阻止敌人从侧翼的进攻。

费舍尔使用一挺 7.7 毫米口径 M1895 型机枪，他因为在战斗中的英勇表现被授予维多利亚十字勋章。但不幸的是，他在第二天的战斗中牺牲。随后很多 M1895 型机枪都被维克斯机枪取代，但是 M1895 型及其变体的服役时间一直持续到第二次世界大战爆发，尤其是民兵部队，例如英国地方志愿军和其他二线作战部队。

在制造 M1895 型机枪前，柯尔特公司还参与生产了一种多管加特林机枪。它的设计者是美国工程师理查德·加特林，它也是世界上第一种能够在战场上以轻型武器快速射击的方式提供重型火力的机枪。加特林机枪参加过很多战争，包括美国内战、祖鲁战争和 19 世纪 60 年代中期的日本内战。

柯尔特公司还制造了 11.43 毫米口径的 M1877 型五枪管斗牛犬加特林机枪。有经验的使用者利用转动曲柄轴，它的射速达到 800 发/分钟。它有五根直驱枪管，并搭配一个铁制三脚架。V 形照门是抬升式的，瞄准距离达到 914 米。

M1883 型加特林机枪的口径也是 11.43 毫米，它利用安装在顶部的弹鼓供弹。它的体积很大，长、宽和高分别为 3.05 米、1.98 米和 1.4 米。

柯尔特 M1895 型机枪

时间	1895 年
重量	16 千克
运转方式	导气动式
全长	1040 毫米
枪管长度	711 毫米
膛口初速	853 米/秒
口径	7.62 毫米
供弹	弹带
射速	450 发/分钟
射程	2286 米

　　M1895型加特林机枪参加了很多战斗，其中就包括美西战争。这种十管7.62毫米口径的机枪在古巴的圣胡安山和壶山战斗中造成了很多的伤亡。

　　当西奥多·罗斯福上校和他的骑兵队进攻西班牙阵地时，四挺M1895型加特林机枪在约翰·帕克上尉的指挥下射向西班牙阵地。据估计，其中三挺机枪在8分30秒的时间里总共向西

▲ 当时的一种移动式重型武器，这挺柯尔特 M1895 型机枪被安装在一辆普通汽车上。

班牙阵地射击了大约 1.8 万发子弹，每挺机枪的平均射速为 700 发/分钟。

柯尔特经典突击步枪

突击步枪的发展始于第二次世界大战时期，并一直持续至今。第二次世界大战末期问世的德国 Sturmgewehr 44 被认为是

AR-10 半自动步枪

时间	1956 年
口径	7.62 毫米
重量	3.29 千克
全长	1050 毫米
枪管长度	528 毫米
装弹	20 发弹匣
射程	500 米

世界上第一支真正意义上的现代突击步枪。其他早期突击步枪还包括卡拉什尼科夫 AK-47 突击步枪，它是历史上产量最高的武器。直到今天，人们都在不断对它进行改装和升级，以适应现代作战环境。

美国突击步枪的研制也始于第二次世界大战时期，当时美国军队主要使用加兰德 M1 半自动步枪，加兰德 M1 也是第一种用作主力武器的半自动步枪。1957 年，加兰德 M1 正式被 M14 步枪所取代，而 M14 步枪的替代品也已经开始出现。

早在 1956 年，枪械设计师尤金·斯通纳设想出了一种带有独特轮廓的新型半自动步枪。在詹姆斯·苏里文的帮助下，斯通纳开始研制设计新的原型枪，在此期间他还经历了自己公司管理层的变动。早期的斯通纳步枪在美国军事测试中以失败而告终，当时美国军方支持 T-44 半自动步枪，而 T-44 半自动步枪最终演变成了 M14 突击步枪。

1956 年，阿玛莱特公司开始生产改进后的 7.62 毫米口径 AR-10 突击步枪。在测试阶段，AR-10 突击步枪的高精准度和轻便的特点就令人印象深刻。很快，AR-10 突击步枪就引起了枪械专家的注意，它的零部件设计在当时也非常新颖。它没有采用较重的钢制和木制材料，枪管、零部件和枪托由锻钢和酚醛树脂材料制成。AR-10 突击步枪的射速也令人印象深刻，利用合适的弹匣它的最高射速可达 700 发 / 分钟。

一年后，工程师将 AR-10 突击步枪的口径减至 5.56 毫米，并重新命名为 AR-15 突击步枪。后来，柯尔特公司和阿玛莱特公司达成许可生产协议，1963 年美国军方正式批准装备这种步枪，并将它命名为 M16 型突击步枪。

到目前为止，M16 突击步枪的生产仍然在继续，并且已经装备到很多国家的军队中。从最早的型号到后来的升级型号，柯尔特公司和一些合作公司自 1959 年以来总共生产了 800 多万支 M16 突击步枪。与柯尔特公司合作生产的公司包括韩国大宇、比利时 FN、通用汽车公司、H&R 公司和美国军械公司。

◀ 在与美国的一次联合军事演习中，一名 15 岁的洪都拉斯士兵拿着一把 M16A1 突击步枪。

▲ 在美国海军年度训练比赛中，美国海军陆战队员唐·克里斯滕森正在进行射击比赛，他手中是一把 AR-15 半自动步枪。

　　1963 年 11 月，美国国防部长罗伯特·麦克纳马拉批准美国陆军购买 8.5 万支 XM16E1 突击步枪，这些步枪都被部署到东南亚。

　　M16 突击步枪（AR-15 半自动步枪的军用型号）的特点是三角形准星和安装在顶部的提手。

　　M16突击步枪保留了选择开火装备,它使用5.56毫米NATO子弹。军用型号与民用型号相同,使用合金或聚合材料。除了标准的20发或30发弹匣外,它还配备有一个100发的弹鼓。

　　M16突击步枪的最高射速可达950发/分钟,维护非常方便。但是有人认为它在野外的故障率很高。当美国正式装备

M16 突击步枪时，将其命名为 M16A1 突击步枪。在越南战争时期，M16 突击步枪变成一个争议焦点。

1965 年 3 月，在越南的美国士兵开始装备 M16 突击步枪，但很快就出现了卡壳和性能不佳的报告。很多报告都围绕着一个共同点——卡壳。一名美国海军陆战队员在写给母亲的信中这样描述："离开冲绳的时候，我们每人都发了一把 M16 突击步枪，但是后来我们发现每个牺牲的战友的尸体旁边都有一把卡壳的 M16 突击步枪。"

出现这种问题的原因既不是士兵使用不当或缺乏必要的维护，而是发射后空弹壳卡在弹膛内，阻止新子弹进入弹膛。很多报告提到牺牲的士兵身旁都有一把卡壳的 M16 突击步枪，这也引起了国会的调查，最终形成了一份 51 页的缺陷报告。

最终，卡壳的原因被认定为 5.56 毫米子弹的火药组成存在问题，并且在 1968 年越南战争升级之前，柯尔特公司就纠正了

▼ 1966 年秋季，在努伊岛山岭的行动中美国海军陆战队员正用 M16 突击步枪朝对方射击。美国陷入越南战争的时间长达十多年。

这个问题。尽管在越南出现了一些问题，但是从 M16 突击步枪的服役时间来看，它已经证明了自己的价值。尽管批评者继续批评它较大的尺寸等其他问题，但它还是在沙漠的苛刻环境中验证了自己的质量。与著名的 AK-47 突击步枪相比，M16 突击步枪的可靠性略显不足，然而毫无疑问 M16 突击步枪的精准度更高。

2010 年，纽约时代杂志的几名记者在阿富汗与美国军队度过了三个月时间，采访了数十名海军陆战队员对于 M16 突击步枪性能的态度。结果，只有一次卡壳的记录，还是由后勤人员造成的，并且问题出现后利用枪上的复位功能立即解决了。显然，对发动机和其他机械设备（依赖精密运动部件运转）造成严重困扰的尘埃，对 M16 突击步枪没有产生明显的影响。

尤金·斯通纳是 20 世纪最杰出的枪械工程师之一，他死于 1997 年，享年 74 岁，他的一生都献给了武器的研究和发展。在第二次世界大战期间，他在美国海军航空部队服役。第二次世界大战结束后，他进入一家飞机设备公司，1954 年他成为阿玛莱特公司的总工程师。1961 年，斯通纳离开阿玛莱特公司后成为柯尔特公司的技术顾问。后来他又进入凯迪拉克盖奇公司，在那里他设计了一套能够配置成不同类型武器的模块化武器系统。

斯通纳 63 武器系统可以演变成多种类型的武器，包括常规突击步枪、轻型手提式机枪和中型机枪。在越南战争中，美国军队

M16A1 突击步枪

时间	1962 年
口径	5.56 毫米
重量	4.0 千克
全长	1000 毫米
枪管长度	508 毫米
装弹	20 发或 30 发弹匣，100 发弹鼓
射程	800 米

▲ 在德国弗莱堡的一次演习中，美国第 1 骑兵师的一名士兵正在用 M16A2 步枪射击目标。

曾少量装备这种系统。

斯通纳为 TRW 公司设计了 25 毫米口径蝮蛇自动加农炮，这种武器后来由一家瑞士公司制造，再后来由德国厄利康制造。他还在 1972 年与其他人合作成立了 ARES 公司，并一直在那里工作了 17 年，设计了 ARES 轻型机枪和一些概念突击步枪。1990 年，他加入奈特军械公司，并开始研发斯通纳 25 步枪和 SR-50 步枪，前者曾被美国海军用作狙击步枪。此外，他还参与了柯尔特 2000 手枪的研制工作。

吉姆·苏里文在斯通纳最初的 7.62 毫米 AR-10 突击步枪向 5.56 毫米口径（后来演变成 M16 突击步枪）转变的过程中贡献很大。他还以研发缩小版的小型武器而闻名于世，他的研发成果包括 Ultimax 100 轻机枪、鲁格尔 M77 步枪、斯通纳 63 步枪和鲁格尔迷你 -14 步枪。与斯通纳的合作结束后，他来到新加坡的一家公司，5.56 毫米 Ultimax 机枪就是他的研发成果。后来

▲ 在伊拉克费卢杰的行动中，海军陆战队第 6 团第 1 营的士兵正在通过街道。这些士兵手中所持的都是 M16A4 突击步枪。

他又参与了贝雷塔突击步枪的研发工作，随后回到美国进入鲁格尔公司，参与研发鲁格尔迷你 -14 步枪。

几年后，苏里文成为 M16 突击步枪和 M4 卡宾枪的批评者。2014 年，他描述了提高武器性能所必需的一些改进。他仔细检查了 AR-15 突击步枪后，建议使用 60 发或 100 发大容量弹匣，以保证持续的火力压制。在一次电视采访中，苏里文认为必要的改进包括更重的枪机框、更重的导气管和可调节导气口（全自动模式时打开，半自动模式时关闭）。

在 M16 突击步枪的变体中，问世于 1983 年的 M16A2 突

M16A2 突击步枪

时间	1962 年
口径	5.56 毫米
重量	3.26 千克
全长	1000 毫米
枪管长度	508 毫米
装弹	20 发弹匣
射程	800 米

击步枪带有三连发模式。其他变体包括 XM177 Commando 卡宾枪、M4 柯尔特 Commando 卡宾枪、M16A3 突击步枪、M16A4 突击步枪和采用重型枪管的柯尔特 M655 型 M16A1 狙击步枪。M4 柯尔特 Commando 卡宾枪在 20 世纪 90 年代末被广泛使用；M16A3 突击步枪是美国海豹突击队的主要装备；M16A4 突击步枪装有皮卡汀尼导轨，可以搭配多种配件。此外，它还有一个可拆卸提手。

AR-15 和 M16 突击步枪的历史一直与柯尔特公司有密切的联系，但它们并不仅仅局限于这家传奇性的公司。而柯尔特公司在 160 多年的历史中，经历了各种困难和挫折，一直延续至今。

在 20 世纪 80 年代中期，一场严重的劳资纠纷，再加上当美国政府不再延续 M16 突击步枪的生产合同，差点宣告了柯尔特公司的破产。美国汽车工人工会为期四年的罢工在 1990 年结束，柯尔特公司也被出售给一群投资者，这群投资者包括工会雇员、私人投资财团和康涅狄格州雇员退休基金。但是，艰难的岁月并没有结束，柯尔特公司在 1990 年 3 月申请破产保护，在重组后出现了实力更雄厚的公司，不断推出新的产品。

20 世纪 90 年代中期，随着柯尔特公司从长期的劳资纠纷、利润下降和财务困难等危机中摆脱出来，柯尔特公司的命运有了重大变动。新型 M4 卡宾枪（问世于破产期间）成为公司复苏的催化剂。1996 年,柯尔特公司收到政府的订单合同,生产了 1.6 万支 M4 卡宾枪,第二年政府又采购了 6000 支。

十年来第一次,在 20 世纪 90 年代中期美国政府决定向柯尔特公司订购 3.2 万支 M16 突击步枪,并对 8.8 万支 M16A1 突击步枪进行改装,更换更好的零部件使其达到 M16A2 突击步枪的标准。20 世纪 90 年代末,美国政府与柯尔特公司再次合作,达成意向采购 6 万支步枪。

柯尔特 Commando 突击步枪

到 20 世纪 60 年代,美国军方已经明确提出要求,自己的特种部队和车辆载运工具人员需要一种新型突击步枪,这种突击步枪的尺寸比 M16 突击步枪和 M607 型 CAR-15 轻机枪短。M607 型 CAR-15 轻机枪的主要问题是噪声大和枪口火焰强,这些都不利于隐蔽作战。后来工程师设计了一种专门的抑制器来解决这些问题,但产生了其他问题,尤其是枪管有积炭以及弹道偏离。

柯尔特公司将高性能特种作战卡宾枪的需求重任寄托在了 M610 型身上,后来美国陆军将它命名为 CAR-15 Commando XM 177 卡宾枪,而美国空军将它命名为 GAU/5A 冲锋枪。柯尔特公司工程师罗布·罗伊领导的团队采用了双位置伸缩枪托,取代了原来使用的笨重的一体式三角形枪托。他们还强化了护

M16A4 突击步枪

时间	1990 年
口径	5.56 毫米
重量	3.40 千克
全长	1000 毫米
枪管长度	508 毫米
装弹	30 发弹匣
射程	800 米

▲ 美国海豹突击队装备着柯尔特 Commando 突击步枪，它其实就是 M16 突击步枪的缩短版，是专门为特种部队研制的。

木，在 254 毫米枪管上加装一个 107 毫米抑制器，进而解决了枪口火焰的问题。Commando XM 177 卡宾枪使用 5.56 毫米口径 NATO 子弹，最高射速可达 750 发 / 分钟。

战场测试结果显示，将枪管长度增加至 292 毫米，就能显著降低噪声和枪口火焰，并改善弹道。较长的枪管且带有前辅助握把的型号最初被称为 M629 型，没有前辅助握把的型号则被称为 M649 型。两种型号都采用镀铬弹膛以延长部件寿命，工程师还在抑制器上加装了一个金属件，使用者可以在金属件上安装一个 XM148 榴弹发射器。

在越南战争中，尽管美国陆军和空军从柯尔特公司订购了大量 Commando 突击步枪，但是柯尔特公司无法提供所需的 30 发弹匣，并且事实上有些特种部队士兵前往民用市场购买，为自己所用。在战场上，Commando 突击步枪的表现并不令人满意，而且它的日常维护成本很高。后来，美国政府拒绝拨款对 Commando 突击步枪进行升级，而这种突击步枪也在 1970 年正式停产。

柯尔特 M4 卡宾枪

柯尔特 M16 突击步枪家谱中还包括 M4 卡宾枪系列，它的问世时间要比第一支 M16 突击步枪晚 30 多年。尽管在越南战争期间以及 20 世纪 70 年代，短枪管柯尔特 Commando XM177 突击步枪在美国军队中的表现并不好，但是后来 M4 卡宾枪还是逐渐发展成为一种兼具 M16A2 和 Commando 突击步枪优点的出色武器。

1988 年，柯尔特公司的工程师开始研制一种新

柯尔特 Commando 突击步枪	
时间	1966 年
口径	5.56 毫米
重量	2.43 千克
全长	830 毫米
枪管长度	290 毫米
装弹	30 发弹匣
射程	274 米

型卡宾枪，结果就是枪管长度为368毫米的具有选择开火功能的M4卡宾枪。M4可安装一个伸缩枪托，它的弹道经过优化，很适合在近战中使用。它使用了M16A2突击步枪上的照门和枪口消焰器，并可以安装一个固定座用来安装刺刀或M203型40毫米口径榴弹发射器。M4卡宾枪是一种多用途步枪，它使用5.56毫米NATO子弹，在美国军队中得到了广泛的使用。当时人们预计它会完全取代M16突击步枪。

美国海军陆战队的武器库中约有8万支M4卡宾枪，而且美国军方在2009年购买了M4卡宾枪的专利权，允许不同制造商相互竞争研制更好的型号。近年来，美国陆军也承担了一项任务，将现有的M4卡宾枪升级到全自动模式的M4A1卡宾枪，而M4A1卡宾枪最初是专门为执行特殊任务设计的。2012年春季，美国陆军宣布计划购买12万支M4A1卡宾枪替换掉主要作战部队手中的M4卡宾枪。最终，正式的交付从2014年开始。

卡宾枪的问题

有些批评者认为短枪管M4卡宾枪存在很多问题，包括开火时噪声大，低膛口初速影响子弹性能，并且较短的导气系统导致枪管过热并使易损件磨损严重。但是M4卡宾枪在战场上的出色表现，已经能够充分证明自己绝对是美国军队老式突击步枪和冲锋枪的可靠替代品。

尽管如此，M4卡宾枪的服役生涯并不是一帆风顺。有些批评者断言M4卡宾枪在沙漠行动中会出现卡壳问题，他们常常叫嚷着让M4卡宾枪和其他武器进行公开竞争。

十多年前，美国陆军第28空降师的一名士兵对M4卡宾枪的性能进行了评价，他说："M4卡宾枪是一把很优秀的武器，但是它对粉尘比较敏感。事实上，清洗武器成为日常任务之一，在作战时并不能保证有足够的清洗时间。"

战场上较多的卡壳记录以及在某些测试中与其他同时代的卡宾枪相比不那么优越的性能，让人们对M4卡宾枪是否还有继续服役的价值产生了怀疑。相比之下，M16A4突击步枪引起

▲ 在中东沙漠风暴行动中，一名美国空军安全警察正在进行战前的射击练习，他手中是一把 5.56 毫米口径柯尔特 Commando 突击步枪。

越来越多人的注意。

根据《陆军时代》杂志刊登的一篇文章，在美国海军陆战队和陆军的测试中，M4 卡宾枪的故障率明显高于老式的步枪。此处引用文章中的一段话："一名海军陆战队官员说，在 2002 年夏末的一次武器评估测试中，M4 卡宾枪的故障率要比 M16A4 突击步枪高三倍。故障被分成若干类，包括弹匣、弹膛、哑火、装弹故障和磨损、炸膛。在测试中，M4 卡宾枪发射 69000 发子弹时出现了 186 次故障，而 M16A4 突击步枪只出现 61 次故障。"

"根据一名没有透露名字的军官所言，在 2005 年 10 月和 2006 年 4 月，美国陆军进行了一次可靠性测试，其中包括 10 支全新 M16 突击步枪和 10 支全新 M4 卡宾枪，平均每支枪要射击 5000 发子弹。"

据报道，美国陆军的反恐三角洲部队一直使用的 M4 卡宾枪实际上是德国 H&K 公司生产的改进版。M4 卡宾枪其中一个故障来源是长时间射击时枪管内会聚集大量热气。当润滑油不

▶ 在阿富汗卡比萨省的前线作战基地，一名美国士兵正在进行射击训练，他手中是一把M4卡宾枪。

足时，它就很容易受到细沙砾的堵塞。H&K公司建议用短行程活塞系统取代导气系统，这种活塞系统几乎可以完全消除热气进入机匣并降低热量。

M4卡宾枪的其他改进还包括对弹匣、枪管以及护木导轨系统的修改，护木导轨系统是H&K公司设计的，让士兵在执行特

殊任务时可以在枪上调整出合适的安装位置。这种改进后的 M4 卡宾枪也叫 H&K 416 卡宾枪。在 2004 年的测试中，它发射了 15000 发子弹，只出现了一次故障。H&K 公司推出了专业的转换套件，可以让 M4 卡宾枪转换为 H&K 416 卡宾枪。

　　美国陆军一直对 M4 卡宾枪很忠诚，因为这种武器的优点

柯尔特 M4 卡宾枪

时间	1994 年
口径	5.56 毫米
重量	3.4 千克
全长	840 毫米
枪管长度	368 毫米
装弹	30 发弹匣
射程	400 米

是显而易见的。尽管在弹道性能上比不上那些长管步枪，尤其是射击超过 200 米外的目标时，但是任何短管步枪都会存在这样的问题。与较大的 M16 突击步枪相比，它尺寸更小，更轻便，更容易携带。此外，M4 卡宾枪的生产成本也不高，而且其中 80% 的零部件可以与 M16A2 突击步枪共用。

在一份 2007 年 4 月发表的声明中，美国陆军官员的立场很坚定："M4 卡宾枪是陆军步兵和特种作战部队主要的单兵作战武器。自从 1994 年问世以来，它在战场上证明了自己的价值，它精准度高，容易射击和维护方便。M4 卡宾枪的折叠枪托和短枪管让它很适合那些需要车辆载具运输或者在城市地形作战的士兵使用。M4 卡宾枪已经经过多次改进，采用了今天卡宾枪和步枪领域最先进的技术。"

这份声明提到："根据佐治亚州本宁堡的美国陆军作战研究处的研究，M4 卡宾枪是最先进的单兵作战武器。在 2006 年 12 月，海军分析研究中心进行了一次'战斗中士兵对轻武器的看法'的调查。调查对象包括在阿富汗和伊拉克完成任务的士兵，结果被调查的 2006 名士兵中绝大多数对 M4 卡宾枪感到满意。"

2013 年夏季，美国陆军终止了价值 18 亿美元的单兵卡宾枪计划，该计划要求六家公司竞争研制一种新型设计来取代 M4 卡宾枪。单兵卡宾枪计划是十年内美国陆军终止的第二个类似项目，第一个是 2005 年的 XM-8 步枪计划。国防部轻武器咨询委员会的主管艾伦·杨曼上将对 M4 卡宾枪的评价是："坦白地讲，它们非常出色。如果军方寻找一种新技术，枪械公司已经准备提供给他们了，但是军方需要有使用它们的地方。很明显，我们错过了向业界传达这个事实的最后两次机会。"

柯尔特公司继续生产一种卡宾枪，公司也将它命名为Commando，但是这种枪管长度为292毫米的型号与先前CAR-15系列卡宾枪完全不同。柯尔特公司还有一种MK 18 CQBR型卡宾枪，本质上它就是一支安装262毫米长度枪管的M4A1卡宾枪。柯尔特公司和刘易斯公司签订合同共同生产MK 18 CQBR型卡宾枪。

▼ 2001年7月3日，阿富汗坎大哈省的山区，一名阿富汗士兵在清理恐怖分子的行动中射击目标，他手中所持是一把M4卡宾枪。

▲ M4卡宾枪可以安装一个M203型40毫米榴弹发射器，安装位置在枪管下部的导轨上。

更重的火力

M203型40毫米榴弹发射器能显著地增强M4卡宾枪、M16A2和M16A4突击步枪的火力。M203型榴弹发射器是一种挂载系统，安装它的卡宾枪或步枪仍然能发射5.56毫米NATO子弹。M203型装有一个完整的发射系统，包括枪管固定栓、扳机和保险开关。它有R0801、R0810和R0811三种型号，第一种枪管长305毫米是M16突击步枪专用的，后面两种枪管长度分别是305毫米和229毫米，是M4卡宾枪专用的。

榴弹发射器的有效射程为400米，它能发射多种类型的榴弹，包括M781和M407型练习弹、M576型铅弹、M433型穿甲弹、M406型高爆弹，以及其他特种榴弹。

柯尔特SMG冲锋枪的枪管长度为267毫米，它使用9毫米帕拉贝鲁姆子弹，它问世于1982年，后来在生产过程中经历了柯尔特罢工风波。它没有采用M16突击步枪的气吹系统，而是使用了安装在退弹口后部的自由枪机系统，一个大塑料导板引导弹壳弹离射手。机匣的弹匣井装有一个适配器来适配9毫米弹匣，这种弹匣是从以色列UZI冲锋枪弹匣改装来的，当最后一发子弹发射完后，它就能将枪栓向后挂住。

柯尔特SMG冲锋枪最常见的型号是M635型，其他型号还包括RO635型、RO639型和RO633型。RO635型具有选择发

M203型榴弹发射器

时间	1967年
榴弹发射器口径	40毫米
榴弹发射器重量	1.36千克
榴弹长度	46毫米
全长	380毫米
枪管长度	305毫米
射程	150米

▲ 2010年吉布提联合军事演习中,美国第24海军陆战队远征队的士兵正在进行射击练习,他手中所持是一把MK 18 CQBR卡宾枪。

射功能,可以进行半自动和全自动发射;RO639型装有一个扳机组件,可以进行半自动、全自动和三连发射击;RO633型是一种紧凑型冲锋枪,枪管长度为178毫米,并装有简单的瞄具,主要是美国缉毒警察使用它。

柯尔特加拿大公司的贡献

柯尔特 SMG 冲锋枪

时间	1982年
口径	9毫米
重量	2.61千克
全长	730毫米
枪管长度	266毫米
装弹	32发弹匣
射程	100米

20世纪80年代，柯尔特加拿大公司（原来是迪玛科公司，2005年被柯尔特公司收购）推出了C7突击步枪。后来，C7突击步枪成为加拿大、挪威、丹麦和荷兰军队主要的单兵作战武器。在设计方面，C7突击步枪与美国的M16A3突击步枪有很多共同点。

多年前，在一个M16A1突击步枪的改进计划中，加拿大工程师与美国海军陆战队密切合作，美国还将相关数据提供给加拿大军方进行评估。C7突击步枪采用与M16家族相同的气吹系统，发射5.56毫米NATO子弹。工程师加长了枪托，升级了护木，使结构整体性更好，它的射速可达900发/分钟，膛口初速为924米/秒。工程师还在C7突击步枪的枪托上加装了可调节枪托装置、可以安装榴弹发射器的护木和锻造强化枪管，这让它看起来与M16A1突击步枪很相似。

C7突击步枪的升级型号有很多种：C7A1型装有一个提手和一个可以安装光学设备的导轨；C7A2型是为参加阿富汗和伊拉克军事行动士兵研制的，工程师对它进行了很多新颖的改装，其中包括四点可伸缩枪托。

柯尔特加拿大C8卡宾枪是一种C7突击步枪的缩短版，

它装有一个缩短的枪托和368毫米长的枪管。其改进型号包括C8A1型、C8SFW型、C8FTHB型、C8CQC型和C8卡宾枪。C8A1型装有一个可拆卸提手和一个光学瞄准套件；C8SFW型装有一个长枪管和一个安装40毫米榴弹发射器的导轨；C8FTHB型则安装了一根更重的枪管；C8CQC型是一种近战型号，非常适于城市巷战；C8卡宾枪是一种缩短版，其结构与C8突击步枪完全相同。

柯尔特ACR突击步枪

ACR突击步枪可以算是柯尔特公司最独特的突击步枪型号之一。它是柯尔特公司在20世纪80年代为美国国防部先进战斗步枪计划研制的，该计划还包括多种其他突击步枪，人们希望找到一把比标准M16A2突击步枪更优秀的武器。但是在该计划执行过程中，所有型号都没能达到人们的预期。

柯尔特ACR突击步枪事实上一种安装重型枪管的M16A2突击步枪，它装有一个枪口制动器，液压缓冲器（可以在自动射击模式下将后坐力减少40%），改进的光学瞄准系统，以及与M16卡宾枪相似的伸缩枪托。此外，加拿大军队装备的型号还安装了3.5倍瞄具。ACR突击步枪最独特的地方是导轨安装在前护木上部，工程师设想它能在本能射击环境中辅助操作者。

柯尔特加拿大C8突击步枪

时间	1994年
口径	5.56毫米
重量	2.68千克
全长	840毫米
枪管长度	368毫米
装弹	30发弹匣
射程	400米

▼ 图中柯尔特加拿大C8突击步枪装有一个C79光学瞄具和M203型40毫米榴弹发射器。

柯尔特 ACR 突击步枪其中一个创新是采用了双连环子弹，即在单个弹壳内装有两发较小的子弹。奥林公司为 ACR 突击步枪设计了三种双连环子弹并进行测试，因为人们认为子弹越多对敌人造成的伤害也就越大。但是事实证明，这种弹药精准度很差，那些使用这种子弹的士兵往往还需要携带标准子弹，尤其是射击远距离目标时。

根据位于佐治亚州本宁堡的美国陆军步兵学院在 1987 年的一份报告，对 M16A2 突击步枪性能升级的最好选择是研制一种新型子弹，因为这种步枪本身的性能早已经到达巅峰。随后在 1990 年 ACR 突击步枪计划被终止，后来很多新型步枪的研制计划也遭遇了相同的命运。

执法领域领导者

柯尔特步枪一直是执法领域的领导者，LE6940 型卡宾枪就是典型的例子。它是基于军用 M4 卡宾枪研制的，发射 5.56 毫米 NATO 子弹，每把枪上的机匣处都印有 "M4 CARBINE" 字样，而且它们也有很多相同之处。它们的相同点包括 409 毫米长的枪管，先进的瞄具和方便携带和运输的四点伸缩枪托。它还装有一个专用导轨，可以安装光学、激光、握把和其他战术部件。LE6940 型的全长为 902 毫米，总重量仅为 3.08 千克。

柯尔特 ACR 突击步枪

时间	1985 年
口径	5.56 毫米
重量	3.31 千克
枪管长度	521 毫米
全长	1000 毫米
装弹	20 发或 30 发弹匣
射程	366 米

柯尔特 IAR6940 型是一种吹气式自动步枪，它创新性的使用了一体式机匣。机匣包括一个 MIL-STD-1913 型导轨和一个较低的导轨，MIL-STD-1913 型导轨可以方便地安装在 3 点钟、9 点钟和 12 点钟位置；较低导轨安装在 6 点钟位置，可以安装光学、激光以及其他设备。长时间发射时，由于热量和压力的积累，子弹卡壳的概率也会迅速提高，为此工程师在枪管上安装了一套散热系统，这样能显著降低卡壳的概率。IAR6940 型采用了与 M16 和 M4 家族类似的长枪管，上面还额外加装了保险装置，不管是安全模式还是射击模式都能保证最大限度的安全性。

连同一体式机匣和导轨，柯尔特 IAR6940 型的总重量仅为 4.3 千克。当枪托完全展开时，总长度为 933 毫米，当枪托折叠起来时，总长度为 851 毫米。它的最高射速可达 700 ~ 1000 发 / 分钟（根据弹匣情况），有效射程为 600 米。

柯尔特公司和枪械配件行业的领导者马格普公司合作生产了 LE6920 型执法者卡宾枪。这种卡宾枪有很多可选配件，包括马格普 MOE 套件、马格普的 PMAG 弹匣和 MBUS 照门，每种配件都是单独定价，因此整体价格往往非常高。马格普 MOE 套件包括扶手、卡宾枪枪托、握把、扳机护圈和 MVG 垂直握把。

LE6920 型的变体型号包括黑色的 LE6920MP-B、草绿色的 LE6920MP-OD 和暗色的 LE6920MP-FDE。它的枪管长度为 409 毫米，使用 5.56 毫米 NATO 子弹，枪托展开时全长为 902 毫米，

柯尔特 SP6920 卡宾枪

时间	1990 年
口径	5.56 毫米
重量	2.7 千克
枪管长度	409 毫米
全长	902 毫米
装弹	20 发或 30 发弹匣
射程	366 米

▲ 柯尔特公司赞助的玛姬·瑞茜正在使用一把柯尔特LE6920步枪参加比赛。在2014年的米高梅铁人比赛中,瑞茜获得了第一名。

柯尔特 LE6920 步枪

时间	2010 年
口径	5.56 毫米
重量	3.1 千克
枪管长度	409 毫米
全长	902 毫米
装弹	20 发弹匣
射程	600 米

枪托折叠式全长为813毫米,总重量为3.1千克,有效射程为600米。

在2014年的米高梅铁人比赛中,柯尔特公司赞助的玛姬·瑞茜获得了第一名,此前她在2011年和2013年还分别获得过冠军。在步枪组比赛中,玛姬·瑞茜使用一把柯尔特LE6920步枪以509.0427分夺冠。在赛后的采访中,瑞茜说:"柯尔特LE6920真的非常可靠。比赛非常激烈,对身体是一项挑战。比赛中我受到一些烧伤和瘀伤,但这些都是值得的。"

瑞茜还赞扬了柯尔特LE6920步枪的出色性能,帮助她获得冠军。比赛不仅要求步枪在远距离射击时有极高的精准度,而且要求在近距离射击时有很高的精准度。

柯尔特LE6940P是一种活塞式卡宾枪,易于组装、拆卸和清洗。它是一种模块化的卡宾枪,重量仅为3.08千克。P0923

是一种变体型号，重量仅为 2.99 千克，它还装有一个活塞运转调节系统，通过允许热膨胀和偏移来降低对活塞系统的压力。柯尔特 LE6940P 的枪管长度为 633 毫米，而 P0923 的则是 368 毫米。SCW0921P 也是一种变体型号，它的重量为 3.06 千克，枪管长度为 262 毫米。LE6940P 只有半自动射击模式，而 P0923 和 SCW0921P 既能全自动射击，也能半自动射击。

柯尔特 LE6940P 家族都使用 5.56 毫米 NATO 子弹。柯尔特 LE6940P 枪托展开时的长度为 902 毫米，枪托折叠时的长度为 813 毫米；柯尔特 P0923 枪托展开时的长度为 857 毫米，枪托折叠时的长度为 775 毫米；柯尔特 SCW0921P 枪托展开时的长度为 768 毫米，枪托折叠时的长度为 203 毫米。三种型号全自动射击模式时的射速可达 700～900 发/分钟，有效射程为 600 米。

柯尔特执法者卡宾枪使用 7.62 毫米 NATO 子弹，它的主要用途是猎杀田间的大型猛兽。它也装有带有导轨的一体式机匣，可以方便安装光学和激光等装置，而且浮动枪管也能保证高的精准度。柯尔特公司还推出了一款简单的改装套件，让它能快速地转换成 5.56 毫米口径，操作者使用起来都非常方便。

除了多口径的特点外，执法者卡宾枪还有两种变体型号，分别是半自动的 LE901-16S 和全自动的 CM901。它们的技术参数基本相同，枪管长度为 409 毫米，重量为 4.26 千克，枪托展开时长度为 953 毫米，枪托折叠时长度为 870 毫米，膛线长度范围为 25～305 毫米。CM901 的最高射速可达 700～950 发/分钟，有效射程为 700 米。

柯尔特 SP6940 卡宾枪

时间	1990 年
口径	5.56 毫米
重量	2.99 千克
枪管长度	409 毫米
全长	895 毫米
装弹	20 发弹匣
射程	600 米

运动步枪

20世纪90年代柯尔特公司有一款基于AR-15步枪重新设计的运动步枪。1994年美国联邦突击武器禁令法案生效后,柯尔特公司就将民用步枪的名称从R改为AR,并开始生产以CR为前缀的Accurized步枪。此外,为了吸引射击爱好者,柯尔特还推出了Match Target系列。最近几年,柯尔特公司开始使用LT和LE两个名字。LT系列是6720的改进型号,它采用轻型枪管,总产量仅有约1500支。

最初的R系列包括30多种运动步枪。R6000 Sporter装有固定枪托,半自动射击转换器,508毫米长枪管和三角形护木。卡宾枪型号的枪管长度减至409毫米,护木也被缩短。R系列中的其他步枪和卡宾枪都装有3倍瞄具或柯尔特反射瞄准系统。R6430 Sporter Lightweight使用9毫米口径子弹,它采用了M16A3突击步枪枪管。R6450卡宾枪装有409毫米长的枪管和一个缩短的护木。

Sporter卡宾枪以军用版M4卡宾枪为基础进行设计,它使用5.56毫米NATO子弹。柯尔特公司面向民用市场推出了四种步枪,Sporter卡宾枪就是其中一种,它深受设计爱好者的欢迎。它有两种型号——SP6920和SP6940。SP6940装有一个一体式上机匣,SP6920装有一个平顶机匣和一个可拆卸提手。

SP6920和SP6940都采用气体直接发射系统,它装有一个可调节瞄具,很容易实现精准射击。它们的重量分别为2.99千

柯尔特Match Target步枪

时间	1994年
口径	5.56毫米
重量	3.86千克
枪管长度	508毫米
全长	991毫米
装弹	九发弹匣
射程	400米

克和 2.69 千克，枪管长度为 409 毫米，铬钼钢内衬枪管能显著提高耐久性。它们都装有一个四点枪托，枪托展开时的长度为 991 毫米，枪托折叠时的长度为 902 毫米。机匣由 7075 T6 飞机级铝合金制成。

左右兼顾

2011 年 8 月，柯尔特公司在民用市场推出了一种高性能多口径步枪，即 SP901 步枪。SP901 步枪衍生自柯尔特 CM901 步枪，两者的唯一区别是 SP901 步枪没有全自动射击功能。此外，CM901 步枪可以使用活塞系统或吹气式系统，而 SP901 步枪只适用直接吹气式系统。在市场上，它深受大小猎物狩猎者的欢迎。

不管是左撇子还是右撇子，SP901 步枪使用起来都很方便。它采用一体式上机匣，装有一个 409 毫米长枪管、刺刀座、消焰器以及可以根据风速和海拔调节的瞄具。除了上述特点外，它还能发射 7.62 毫米和 5.56 毫米 NATO 子弹。

SP901 步枪也可以算是一种模块化突击步枪，这意味着它也能被划分到 AR-15 家族。它操作起来很方便，左右两侧都装有弹匣释放钮。使用者一个手指抠在扳机上就可以更换弹匣。

LE901-16SE 步枪采用一体式上机匣和机械瞄具；AR901-16S 步枪则装有一个管状护木。所有型号都装有 409 毫米重型枪管，它们的全长都为 953 毫米。AR901-16S 步枪的重量最重，

柯尔特 SP901 步枪

时间	2011 年
口径	7.62 毫米或 5.56 毫米
重量	4.26 千克
枪管长度	409 毫米
全长	953 毫米
装弹	20 发或 30 发弹匣
射程	400 米

柯尔特 MT6400 步枪

时间	1985 年
口径	5.56 毫米
重量	2.69 千克
枪管长度	409 毫米
全长	895 毫米
装弹	九发弹匣
射程	400 米

柯尔特 MT6400 MATCH TARGET COMPETITION 步枪

时间	1985 年
口径	5.56 毫米
重量	3.85 千克
枪管长度	508 毫米
全长	990 毫米
装弹	九发弹匣
射程	400 米

为 4.26 千克。

柯尔特 Match Target 系列也是衍生自 AR-15 设计。系列中超过六种主打型号都有共同的特点，但对于细分市场它们也有自己的独特之处。作为运动步枪，Match Target 系列价格适当，能帮助很多人发挥出自己的射击天赋。

柯尔特 MT6400 步枪使用 5.56 毫米 NATO 子弹，它的枪管长度为 409 毫米，枪管内衬有六槽扭曲镀铬膛线。它的瞄具都可以根据风向和海拔进行调整。它装有一个带有可拆卸护木的平顶上机匣和一个固定 M4 枪托，它的总长度为 895 毫米，总重量为 2.69 千克。MT6400R 则装有一个可翻转瞄具。

MT6700 步枪装有一个 508 毫米长的重型枪管和固定枪托，总长度为 990 毫米，重量为 3.85 千克。MT6700 和 MT6700C 的枪管被命名为"HBAR"，意思是枪管的某一位置的厚度要明显高于标准，这个位置通常位于护木处。MT6700 和 MT6700C 的最大区别是 MT6700 没有枪口补偿器。

MT6731 步枪的重量为 3.22 千克，总长度为 889 毫米。与其他柯尔特运动步枪相同，MT6731 步枪既能用来打靶射击，也

能用来狩猎。MT6731 Competition HBAR 的枪管长度为 508 毫米，它还装有一个有肋条护木，MT6731 HBAR II 是一种紧凑型，它的枪管长度为 406 毫米，装一个缩短的肋条护木。这些步枪的装弹量都是 9+1，即九发可拆卸弹匣加上弹膛内的一发。

柯尔特 Match Target 系列的其他步枪还包括 MT6830 AR-15A2、MT6601、MT6601C Match Target HBAR、MT6551 Match Target 和 MT6530 Match Target Lightweight。MT6830 AR-15A2 装有一个 406 毫米长的 HBAR 枪管和一个可调节照门；MT6601 和 MT6601C Match Target HBAR 装有一个 508 毫米长的枪管和肋条护木；MT6551 Match Target 装有一个铅笔状轮廓 508 毫米长的枪管；MT6530 Match Target Lightweight 则装有一个 406 毫米长的枪管和缩短的肋条护木。

柯尔特 Accurized 半自动步枪有两种型号。Accurized 半自动步枪顾名思义，柯尔特公司将重心放在了精准度上，包括四个关键领域：适用性、偏差、协调和子弹运行轨迹。这些步枪很适合用来狩猎小型猎物和打靶射击。

CR6720 HBAR Elite 的重量为 4.08 千克，它装有一个全浮动 508 毫米长枪管和一个保护膛线的冠状物。它装有一个装有瞄具的平顶上机匣和包含管状一体护木。它的表面被喷涂成亚光黑色。

柯尔特 Accurized CR6724 步枪与 CR6720 很相似，只是枪管长了 102 毫米。此外，CR6724 也更重，总重量达到 4.19 千克。两种步枪的枪管内都有 25～229 毫米六槽膛线。

柯尔特 MT6731 MATCH TARGET HBAR II 步枪

时间	1994 年
口径	5.56 毫米
重量	3.22 千克
枪管长度	406 毫米
全长	889 毫米
装弹	九发弹匣
射程	400 米

柯尔特 CR6720 HBAR ELITE 步枪

时间	1995 年
口径	5.56 毫米
重量	4.08 千克
枪管长度	508 毫米
全长	990 毫米
装弹	20 发弹匣
射程	400 米

柯尔特 CR6724 步枪

时间	1995 年
口径	5.56 毫米
重量	4.20 千克
枪管长度	609 毫米
全长	1092 毫米
装弹	20 发弹匣
射程	600 米

加利福尼亚标准

美国加利福尼亚州的枪械法案最严格。例如，从 1989 年开始在加利福尼亚州以"突击武器"的名字出售枪支就是违法的。

有特定功能和特点的半自动步枪都是被禁止的，这些特点和功能包括能够使用拆卸弹匣，例如手枪握把、消焰器以及折叠和伸缩枪托等，此外长度也不能长于 762 毫米。此外，买卖和出借容量大于 10 发的弹匣也是违法的，不过使用管状弹仓杠杆式步枪和 5.56 毫米口径步枪除外。

柯尔特公司推出了四种符合加利福尼亚州法律的步枪，分别是 LE6920CA、LE6920CMP-B、LE6920CMP-FDE 和 LE6940CA，它们都使用 5.56 毫米 NATO 子弹。LE6920CA 是最典型的一种，枪管长度为 409 毫米，枪管展开时的长度为 902 毫米，枪管折叠时的长度为 819 毫米，总重量为 3.17 千克，准星可以调节仰角以补偿海拔，翻转照门可以调节以补偿风量。它的表面被喷涂成暗黑色。

现代栓动步枪

柯尔特 M2012 是一种高精准栓动步枪，它能让人们回忆起栓动步枪辉煌的时代。M2012 步枪采用蒂姆尼单级扳机和比赛级枪管，射击远距离目标时非常精准。四种型号包括 SA308、MT308T、LT308G 和 LT260G，前两种的重量分别是 5.89 千克和 4.65 千克，后两种的重量都是 3.85 千克。前三种型号使用 7.82 毫米温彻斯特子弹，第四种型号使用 6.6 毫米雷明顿子弹。它的枪管长度是 559 毫米，总长度是 1118 毫米，使用时可以选择合成材料或木质枪托。M2012 步枪也适用于射击中型尺寸猎物。M2012 步枪还装有库珀定制枪口制动器，枪身上还印有序列号。

柯尔特 M2012 步枪

时间	2012 年
口径	7.82 毫米
重量	5.89 千克
枪管长度	559 毫米
全长	1118 毫米
装弹	五发弹匣
射程	600 米